小学数学新教学丛书

总主编◎黄兴丰 陈洪杰

不只是数学

小学数学综合与实践

主　编　叶旭山　刘　艳

编写人员　刘　艳　施娅林　卜　俊　魏　婵
　　　　　刘　媛　臧楠楠　王　静　饶正凯

复旦大學出版社

新课程　新坐标　新视野

2022年4月，《义务教育数学课程标准（2022年版）》颁布。这意味着小学数学课程与教学进入一个新阶段，也昭示着广大小学数学教师及小学数学教育工作者们需要承担起落实新课标的责任。

新课标为我们思考课程与教学问题，提供了新坐标！

新课标的一个鲜明特征是对发展学生核心素养的倡导与强调。在义务教育阶段，作为纲领性文件的新课标，强调要发展学生的数感、量感、符号意识、运算能力、几何直观、空间观念、推理意识、数据意识、模型意识、应用意识和创新意识。

这就意味着，学科知识本身"不是"（或者说"不应该是"）教学的目标。以学科知识为载体，通过适当的教学任务和活动的设计与实施以发展学生的核心素养，才是教学的目标。进一步，这同时意味着，数学学科核心素养与通用核心素养的发展要合二为一：学生在识别问题信息、独立思路、多元表征、倾听他人、合作交流、达成共识的过程中，不仅发展了数学核心素养，同时发展了通用核心素养。

新课标要求教师确立核心素养导向的课程目标，设计体现结构化特征的课程内容，实施促进学生发展的教学活动，探索激励学生学习和改进自身教学的评价……这些要求本身，建构了教师专业发展的坐标，让教师明白自己努力的方向。比如，就确立核心素养导向的课程目标一条，就必然要求教师不仅要熟悉课标中11个核心词的内涵，还要有能力结合具体的教学内容找到对应的（较为合适的）核心素养并将其进行"内涵分解"，有能力对学生体现出具备该核心素养的表现进行"理解水平的分层"——这，都是实践智慧，需要教师的专业能力！

新课标为我们进一步的课程与教学实践，打开了新视野！

可以说，根据新课标实施"素养导向"的教学，已经成为广大一线教师的共识。然而，新课标是路标，是蓝图，距离梦想的达到、广厦的落成，还有千山万水的距离。但这千山万水的距离，正是广大一线教师的创造空间。

我们看到，为了发展学生的数学核心素养，新课标鼓励和建议教师通过更新教学理念、创新教学方法、改进教学评价，来贯彻实施国家课程。而在数学教学实践中，"教—学—评"一致性、单元整体教学、项目化学习、"综合与实践"课程、素养作业设计、表现性评价，等等，早有不少优秀的教师和教研员主动地展开了深入的实践研究，积累了丰富的经验，形成了一定的特色。

可以说，新课标的颁布，一方面为"先行者"们的探索与创新正了名，另一方面，也澄清已有实践的一些误区,让"先行者"们后续的探索能与新课标理念对标、共振! 进一步地,新课标打开了教师的实践视野。

一方面,在新课标的旗帜下,如本丛书所展示的种种课程与教学实践将会被更多教师看见。另一方面,新课标倡导的新理念、新实践必然会转化成教师专业成长的需要(即便一开始,以外在要求的面目出现),推动着教师去突破自己原有的局限,去进行新的尝试,从而获得新经验、新成长。比如,对于综合与实践,以前是"备选项",现在则成为有 10% 课时保障的"必选项"(课程方案),可以想见会有很多教师"不得不"去实践,却发展了自己的专业水平。当然,新成果的涌现会珍珠与泡沫并存,这是另外一个话题了。

我们更看重新课标背景下的新实践为广大教师带来"新思维"!

做正确的事,不等于正确地做事。同样,在新课标的指引下,进行新课标倡导的相关实践,未必从一开始就能做得正确、有效。我们需知,教育教学永远是直面活生生的一个个学生的智慧性实践,永远需要教师秉持"学生立场"去进行自主思考和创新实践。因此,思维方式的更新会成为教师突破自身专业成长瓶颈的关键。

本丛书采撷了数学教育实践的丛林中的一些花朵,且我们特别强调从案例出发,让读者和作者在案例中交流思想,产生共鸣。但,我们却同时希望广大读者能在阅读和借鉴案例的过程中,能跳出案例,去追问"作者为什么这么想,这么做?""还有没有其他平行路径?""不同做法各有什么利弊?"……从而关注案例背后的思维路径与方法论。如果案例是花朵盈盈,那么隐藏在案例背后的思维路径和方法论才是为花朵提供营养的根。

也正是对思维路径和方法论的关注,每本书的作者都包括了来自教学实践的名特级教师,以及从事数学教育研究的教授或博士。换言之,思维方式和方法论的更新与一个哲学母题相关:理论与实践。我们希望通过一线实践者与理论研究者的精诚合作,为广大教师提供高质量的专业作品。同时,为了方便大家借鉴和使用丛书的资源,出版社采用信息技术,让读者通过扫描就可以下载丛书中的电子资源,如教学设计、学生作品,等等。

"新思维"的形成不仅是教师素养进阶的标志,也会改变教师在学校的职业状态,收获更多的职业幸福感。

我们希望翻开这套书的您,如同走进一座座不同风格的园林,有的园林草木错落、清新雅致,有的园林残山剩水、朴素侘寂,有的园林色彩绚烂、奔放浓烈……但千万不要在别人的花园里迷路!

您要建造的是自己的花园,您必须自己去培育土壤、引进种子和苗木、除草、浇水、施肥,为草木生长提供支持。这些"园丁"绕不开的工作,其实就是您自己一日一日的实践与思考:您要自己去研读课标、研究学生、解读教材、设计教学任务并实施、以表现性任务进行后测,等等。而这一套书,会给您一些参考、帮助或共鸣。

每一个独特的您,终究要站在自己的讲台前,终究要生活在自己的花园中。

是为序。

黄兴丰　陈洪杰
2023 年 10 月

前言 ▶

近 20 年是中国政治、经济、文化、科技等各方面飞速发展的 20 年，也是课程改革全面展开的 20 年。就数学学科而言，从 2001 年《全日制义务教育数学课程标准（实验稿）》的颁布，到《义务教育数学课程标准（2011 年版）》的发行，再到如今《义务教育数学课程标准（2022 年版）》的出台，体现出教育应对新时代社会人才需求的变化发展。

在本轮课标修订中，《义务教育数学课程标准（2022 年版）》以核心素养为导向，落实立德树人根本任务，切实解决数学课程改革中需要解决的问题。其中综合与实践领域较之前变化最大，课时量大幅增加，第一次将新知纳入综合与实践领域，同时给出了具体的活动内容及教学实施评价建议。这样大力度的改革与目前我国已处于发展的新时代、急需创新型高品质人才密切相关。当下，科技创新已经成为影响世界变局的关键变量，创新能力作为人的能力中最重要、最宝贵、层次最高的一种能力，其核心是创新思维，而综合与实践领域是培养创新思维的重要载体，学生将在现实情境和真实问题中调用各学科已有的知识经验，创造性地解决问题，发展创新思维。因此，综合与实践领域从原先单纯以运用数学知识解决问题为主，到现在强调学科融合、以跨学科主题学习为重点，极大地丰富了内容，除了包括运用数学知识解决问题的主题活动，还包括融入新知学习的主题活动和项目式学习。

面对如此巨大的变化，一线教师该如何应对？笔者带领团队在认真学习新课标精神的基础上，努力开展综合与实践教学尝试，落实新课标、践行新理念。通过不懈努力，初步形成一些想法及案例，将其整理为四部分，分别是数学综合与实践活动的特点、内容的开发、过程的实施和评价，涵盖了课标中出现的以及自主开发的 17 个主题活动和项目式学习，期望能给一线教师带来一些启发与思考。

衷心感谢团队成员吴睿华、时晨、潘傑等老师与笔者共同研究案例并进行教学实践，施娅林、卜俊、魏婵、刘媛、臧楠楠、王静、饶正凯老师在进行教学实践的同时，还分别撰写了一个小节的前言部分。

最后，诚挚希望本书能对读者有所裨益，促使数学综合与实践的研究能更进一步。

刘艳

2023 年 8 月

目录

第一章
数学综合与实践活动的特点

第一节　综　合　性

《义务教育数学课程标准(2022年版)》相关内容：

综合与实践是小学数学学习的重要领域。学生将在实际情境和真实问题中,运用数学和其他学科的知识与方法,经历发现问题、提出问题、分析问题、解决问题的过程,感悟数学知识之间、数学与其他学科知识之间、数学与科学技术和社会生活之间的联系,积累活动经验,感悟思想方法,形成和发展模型意识、创新意识,提高解决实际问题的能力,形成和发展核心素养。

根据不同学段学生特点,以跨学科主题学习为主,适当采用主题式学习和项目式学习的方式,设计情境真实、较为复杂的问题,引导学生综合运用数学学科和跨学科的知识与方法解决问题。

2001年,教育部颁布的《基础教育课程改革纲要(试行)》指出:"改变课程结构过于强调学科本位、科目过多和缺乏整合的现状,整体设置九年一贯的课程门类和课时比例,并设置综合课程,以适应不同地区和学生发展的需求,体现课程结构的均衡性、综合性和选择性。"同年颁布的《义务教育数学课程标准(实验稿)》首次明确提出将"综合与实践运用"作为小学数学课程四大重要领域之一,开始重视数学知识和方法的综合性,关注综合与实践活动的整体性。《义务教育数学课程标准(2011年版)》提出:"培养学生综合运用有关的知识与方法解决实际问题,提高学生解决现实问题的能力。"强调学习内容的综合性,一个综合与实践的活动案例包含了多个领域的知识。《义务教育数学课程标准(2022年版)》则直接提出"跨学科主题学习",以主题活动学习和项目式学习的方式统领综合与实践领域的内容。与之前两版课标相比较,2022年版课标对"综合"一词的解释也更为明确:运用数学和其他学科的知识与方法解决实际问题,感悟数学知识之间、数学与其他学科知识之间、数学与科学技术和社会生活之间的联系。在提供13个主题活动和2个项目学习内容的同时,鼓励教师自行设计主题活动内容,但是要指向综合数学知识、融合其他学科知识的实际情境和真实问题,这符合当今社会对创新人才的需求,即具有创新意识和解决问题的能力。

综观2022年版新课标中综合与实践领域的主题内容可以发现,大部分是基于现实背景和现实问题,突出数学学科与现实世界、其他学科以及学生生活的密切联系,这是学习内容上的"跨学科";在解决问题时,根据问题解决的需要,调用的不仅有多学科的知识,还有多学科的思维和方法,这是学习过程的"跨学科";经历发现问题、提出问题、分析问题和解决问题的过程,学生养成多视角观察和思考问题的品质,形成整体把握问题本质的能力,这是能力发展的"跨学科"。[①] 可见,小学数学综合与实践领域在"跨学科"学习中凸显综合性。

一、学习内容的综合性

1. 沟通学科内部

"数学是研究数量关系和空间形式的科学。数学源于对现实世界的抽象,通过对数量和数量关系、图形和图形关系的抽象,得到数学的研究对象及其关系。"可见,数学其实是一门"关系学"。如果只是各领域内容的独立教学,那么"数与代数""图形与几何""统计与概率"领域之间的知识很难建立联系。而综合与实践的主题活动是以问题解决为导向的,需要将多个知识点相结合才能解决问题。这就意味着,在设计与实施小学数学综合与实践活动时,需要沟通学科内部知识间的联系,深刻理解数学知识的本质,形成学科知识结构化。

2. 打破学科边界

如果说数学学科内部的知识可以通过教材中的顺序或者复习教学给予联结,那么数学知识与其他学科知识、数学知识与生活的联系,则很难通过常规的数学课堂教学得到满足。另外,现实世界的问题比较复杂,无论是世界范围内的人口、资源、环境等问题,国与国之间的贸易问题,还是个人生活中遇到的工作、健康等具体问题,都不是哪一门学科可以单独解决的,必须运用多学科知识进行研究。各学科知识之间从来不是不可逾越的,只是学生习惯了分科学习,容易视界窄化、思维僵化,很难主动打破学科边界去解决现实问题。而综合与实践学习领域很好地扮演了这个角色,该领域的学习内容不仅有数学学科知识,还有其他各学科的知识,只有综合运用这些知识才能解决问题,进而应对更为复杂的现实生活中的问题。

3. 融合现实经验

综观 2022 年版新课标列举出的综合与实践领域的 13 个主题活动和 2 个项目学习的内容,涉及多个知识点,有些是数学知识内部的综合,有些是数学知识与其他学科知识的综合,这些知识都基于学生的现实经验。所融合的情境都符合真实生活和学生的现有生活经验,激发学生产生探究欲望,在对情境问题分析后,从学科知识切入,在问题解决的过程中促进学科与学科、学科与生活的联系,在与其他学科的融合理解中,学生发现自己还可以突破认知局限,看见更智慧的自己。

二、学习过程的综合性

1. 学习方法多样化

综合与实践领域的教学提倡通过实践体验、探究学习、自主学习、合作交流、质疑问难、碰撞辨析等过程的有机整合,引导学生综合采用多种方法解决实际问题,如猜测、估算、推

---

① 郭华.跨学科主题学习:提升育人质量的一条新路径[J].人民教育,2023(2):25.

理、测量、操作、画图、说理、分析、概括等,帮助学生建立数学思想方法,突出思维方法的全面性和综合性。[①]

2. 学习形式立体化

2022 年版课标特别提出:"主题活动的设计提倡多学时的长程学习,可以根据实际情况灵活设计活动内容和形式。"从其中列举出的活动案例来看,即便是第一学段,也大多安排在 4 个课时左右,甚至有的安排了 2 周的时间。除了课时增加,在学习场所、学习形式上也提倡灵活多样,有机整合,以"课内＋课外、校内＋校外、集中＋分散"等形式立体展开。

三、学习目标的综合性

1. 综合素养发展

综合与实践领域学习的目标发展如下:2001 年颁布的《义务教育数学课程标准(实验稿)》强调综合运用已有知识和经验,重在发展问题解决的能力;《义务教育数学课程标准(2011 年版)》强调培养应用能力;《义务教育数学课程标准(2022 年版)》则重视发展模型意识、创新意识和应用意识。可见,小学数学综合与实践领域的目标发展趋于综合,与核心素养存在价值共契。跨学科是综合与实践区别于其他领域的根本属性,该属性决定了综合与实践活动必须以培养学生的核心素养为逻辑主线,关注学生的综合表现和整体发展,着力培养学生统整的、跨学科的和可迁移的综合素养。[②]

2. 综合育人价值

综合与实践领域的跨学科主题学习帮助学生开通了一条走向真实社会的道路。在跨学科主题学习中,学生拥有了综合运用多学科知识解决复杂问题的机会,领会到各学科知识的价值。同时,在各学科的相互交融、相互促进中,学生获得学科知识以外的东西——学会合作、学会生存、学会做人。另外,学生经历解决复杂情境中的问题后有了质疑、批判、创新的意识和勇气,形成了对待世界和知识的积极态度。[③] 例如,领悟到知识并不是"本就如此"和一成不变的,而是在前人解决问题的过程中不断被发现、不断被应用,并且在应用过程的被审视、被质疑、被批判中发展优化,进而形成发现知识、创新知识的责任和担当感;体会到知识并不是"与我无关"的高高在上,知识就在我们的身边,知识和人类的未来与我们每一个人都有关系,我们每一个人都承担着推进知识演化和人类文明发展的责任。这样的育人价值,在跨学科主题学习中比在学科知识学习中更为凸显。

综上所述,小学数学综合与实践领域在内容组织、过程方法和目标要求等方面都凸显了综合性。因此,在设计与实施该领域内容的教学时,需要注意主题统领,有机融合多学科知识,综合多种形式引导学生发现问题、提出问题、分析问题并解决问题,促进综合素养的发展,达到综合育人的效果。教师要怎样综合这几个方面进行教学设计呢? 首先,精心设计主题问题,重视数学问题与现实生活的融合;其次,融合多学科知识,引导学生在解决问题的过程中综合运用多学科知识与技能;再次,创设多种学习方式,让学生通过实践、探究、体验、互

---

① 何家荣.把握"六性",提高学生综合素养——谈小学数学综合与实践活动有效开展的原则[J].亚太教育,2022(20):45.

② 杨茂庆,于媛娣.综合实践活动课程的本体价值、育人逻辑与实施路径[J].教师教育学报,2023(10):42.

③ 郭华.跨学科主题学习:提升育人质量的一条新路径[J].人民教育,2023(2):25.

评、合作等方式解决问题;最后,注重引导学生领会知识的育人价值。

案例1 探索度量衡的古与今

【导读】

《义务教育数学课程标准(2022年版)》列举了"度量衡的故事"主题活动,附录1中的例57对此主题活动做了如下说明:在第一、第二学段,学生分别认识了与长度、面积、质量、时间、货币等相关的量的意义。通过对日常词语中计量单位的溯源和解析,让学生了解度量衡的历史与发展,进一步加深对计量单位意义的理解,丰富并发展量感。

在过去的教学中,我们大多是按照教材的编排顺序教学,先后独立教学长度、质量、体积等内容。学习的重点也都聚焦在数学学科知识上,如知道统一单位的必要性,学会单位换算、估算和使用工具测量等。忽视了对度量衡的历史与发展的了解,简化了学习的过程,未联结各计量单位之间的联系,也未能体会到度量衡在现代生活中的应用和价值。根据新课标的要求,如何在该主题活动中凸显综合性呢?这就需要教师制定学习方案,指导学生查找度量衡的相关资料;根据学生的现实经验,设计可探究的真实问题,引导学生深入研究度量衡;设计融入数学学科知识、其他学科知识与生活现象的探究活动,发展量感;最后进行作品展示,深化学生对量感的理解。

本主题活动具体安排如表1-1所示,下面将重点介绍第一、第二课时的教学过程。

表1-1 "探索度量衡的古与今"活动安排

跨学科 主题活动	时间安排	主 要 内 容	目 标
探索度量 衡的古与 今	第一课时	交流汇报课前查阅的资料,了解度量衡的历史和发展;理解和"度"相关的典故、成语等;将古代单位和现代单位进行换算	会查阅资料,了解度量衡的历史和发展,丰富并发展量感。了解和"度"相关的典故、成语等,会将古代长度单位换算成现代长度单位;知道古代"度"在现代的延续应用
	第二课时	交流汇报查阅的资料,了解"衡"的历史与发展;理解和"衡"有关的典故、成语等;将古代硬币与现代硬币的重量进行单位换算、比对	了解"衡"的历史;知道和"衡"相关的典故、成语等,并将其中的质量单位换算成现代计量单位;了解古代"衡"在现代的延续应用
	灵活安排	作品展示、交流	通过呈现文字、图画等,丰富对计量单位实际意义的理解,发展量感

【活动准备】

(1)查阅有关度量衡的历史和发展的相关资料(查阅途径:网络,图书馆书籍,博物馆,采访计量局专业人员等);

(2)分组完成以下任务:

度量衡的历史——资料查找记录单

① 度量衡的历史：_____
② 古代常用的长度单位有：_____；质量单位有：_____
③ 画一画或比画古代的长度（质量）单位分别有多长（重），并对它们进行比较。
④ 古代不同朝代的长度（质量）单位一样吗？举例说明。
　　（如唐朝的 1 尺＝30.7 厘米。）

与"度"相关的成语、古诗词、典故——资料查找记录单

【提示】古代常用的长度单位有：丈、尺、寸、分、跬、步、里等。
① 和古代长度单位相关的典故、成语、古诗词有哪些？找一找并写下来，标出长度单位的字词。
② 你能尝试理解它们的意思吗？

与"衡"相关的成语、古诗词、典故——资料查找记录单

【提示】古代常用的质量单位有：石、斤、钧、铢、两、钱等。
① 和古代质量单位相关的典故、成语、古诗词有哪些？找一找并写下来。
② 简单概括诗句或典故所讲的故事及所表达的情感。

"度"的应用——资料查找记录单

【提示】古代常用的长度单位有：丈、尺、寸、分、跬、步、里等。
你能找到生活中古代长度单位或工具的应用吗？记录下来。

"衡"的应用——资料查找记录单

【提示】古代常用的质量单位有：石、斤、钧、铢、两、钱等。
你能找到生活中古代质量单位或工具的应用吗？记录下来。

探索度量衡的古与今（1）

🔍【教学目标】

（1）通过查找和整理资料，了解有关"度"的计量单位在古代的具体意义和发展；了解和"度"相关的典故、成语、古诗词，并将其中的长度单位换算成现代计量单位；了解古代"度"在现代的延续应用。

（2）知道最初的度量方法是借助身体部位或日常用品进行度量，加深对量和计量单位的理解，在自主探究、合作交流、总结分享中丰富并发展量感。

（3）了解度量衡的发展，培养学生民族自豪感。感悟计量单位由多元到统一、由粗略到精细的发展过程，培养科学精神。

【教学准备】

课件,课前资料查询记录单。

【教学过程】

一、在认知冲突中引入新课

播放根据《阿福的新衣》改编的视频。

师: 徒弟就是按照师父记录的尺寸做的,为什么做出的衣服会小?

生: 每个人手掌长度不同。

师: 是的,他俩的手长不一样,也就是标准不同。我们现在测量长度一般会用什么工具?有哪些长度单位?其实古代一开始就是以人身体的各个部位为标准进行度量的。今天我们一起来探究"度"的古与今。

二、交流分享,梳理"度"的历史变化和发展

1. 分享交流,了解历史

学生先在小组内分享自己查找到的资料,再在全班分享。

明确: 古代常见的长度单位有丈、尺、寸、分、跬、步、里,每个朝代的单位不一样。

师: 看来通过网络查找、翻阅书籍、请教专业人士等,我们能学习到很多课本上没有的知识。有两位小朋友将他们查找到的资料按照历史发展的顺序进行了梳理,我们一起来看一看、听一听。

音频1: 原始人就有了布指为寸,布掌为尺,舒肘为丈,但是每个人身体部位的尺寸都不同。相传古代大禹治水时,曾用自己的身体长度作为长度标准进行治水工程的测量。他把自己的身高定为1丈,8寸为咫,10寸为尺,1步=2跬。但是这样也不准确。于是就有了黄钟定长度:取中等大小的黍,长为1分,把100粒黍排列的长度定为1尺。随着社会的发展,出现了木质、铁质等器具。

音频2: 春秋战国时期,各国诸侯纷纷定义自己领土内的长度标准。当时的标准极为混乱,给国与国之间的交流造成了极大的不便。待到秦始皇统一中国时,才开始统一使用秦国的长度标准。秦始皇统一度量衡时颁布了标准器具——秦尺,并且规定车辆上两个轮子的距离一律改成6尺,6尺为1步。

音频3: 度量衡与国家统一密切相关。南北朝时期国家分裂,度量衡不一致,差距很大。南朝自称为华夏正统,沿用之前的计量单位,南尺的1尺=24.5厘米。相比之下,北朝计量单位扩张速度比南朝要快得多,到北周时期,北尺的1尺=29.6厘米,于是出现了"南尺北尺"。据专家研究,出现这样的现象是因为北朝没有严格的度量衡管理制度。

音频4: 隋代统一南北,结束了割据纷争局面,统一的国家也带来了统一的度量衡。1尺=29.6厘米。

音频5: 唐朝的度量衡沿用了隋制。但为了适应当时经济社会发展的需要,唐代在度量衡单位和技术上也较前代有较大改进,实行"大""小"二制并用,如《唐六典》中记载,"凡度,以北方秬黍中者,一黍之广为分,十分为寸,十寸为尺,一尺二寸为大尺"。故按唐代尺度分"大尺""小尺"。"小尺"只限于"调钟律测晷影,合汤药及冠冕之制",除此一般用"大尺"。小尺:1尺=30厘米;大尺:1尺=36厘米。规定1步=5尺,1里=300步。

视频介绍: 中国与国际接轨,各国交流增多,但各国对长度的标准和说法都不一样,人们迫切希望找到一种长度固定不变的度量单位。当时的人们认为地球的形状不会变化，如果用地球上的一段距离作为长度单位，就可以得到固定不变的度量单位。

师：这就是我们现在使用的长度单位。

2. 探究活动一：自己的身高是几尺？

视频介绍：七尺男儿在各个朝代的身高是不一样的。

师：古代"度"的标准和现在是不一样的。你知道自己的身高在古代是几尺吗？试着推算。

学生活动、交流。

师：了解了"度"的历史和发展，我们就知道标准不同，测量出的数据也不同。随着社会的发展，人们不断地思考与实践，标准越来越统一。

三、与"度"相关的成语、古诗词、典故及应用

小组分享资料。

看图猜成语。

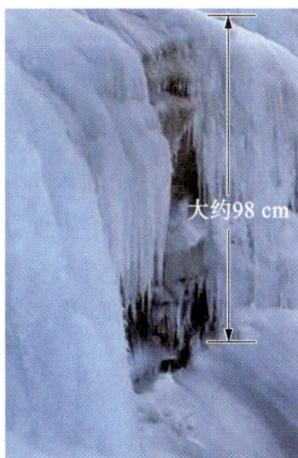

师：你是怎么看出来的？你知道这个成语的意思吗？明朝的量地尺规定 1 尺＝32.7 厘米，三尺是 $3 \times 32.7 \approx 98$（厘米），比画下大约有多长。这么厚的冰，感觉怎么样？原来这些数据也能帮助我们理解这个成语的意思。

师：独立完成下面的看图猜成语连线，并结合数据说说成语的意思。

鼠目寸光(清)　　　　一泻千里(唐)　　　　火冒三丈

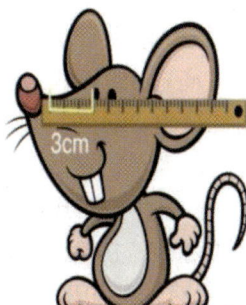

师:真厉害,同学们不仅能看懂图意,还会通过古代与现代的单位换算猜成语,最重要的是学会了用数据说话。你会用数据解释你们收集的这些诗句吗?可以画图表达你的想法。

桃花潭水深千尺,不及汪伦送我情。——李白《赠汪伦》

飞流直下三千尺,疑是银河落九天。——李白《望庐山瀑布》

危楼高百尺,手可摘星辰。——李白《夜宿山寺》

3. 探究活动二:生活中常说的腰围 2 尺 3 寸是多少厘米?

学生活动、交流。

视频介绍:现代车的左右车距与古代两匹马的屁股宽度接近。

师:事物就是在传承中不断创新的。

四、全课小结

师:这节课我们研究了长度单位的古与今,回忆下我们是怎样展开探究的?"衡"也是从古至今不断发展的,想了解关于"衡"的古与今,可以利用这节课的探究方法,课后试着自主探究。

🔍 **【分析点评】**

一、综合学习方式,从"供给"走向"共生"

《义务教育数学课程标准(2022 年版)》提出:"重视大数据、人工智能等对数学教学改革的推动作用,改进教学方式,促进学生学习方式转变。"度量衡对于大部分学生来说是一个陌生的概念,而与"度"相关的知识又非常丰富,仅仅依靠教师在有限的课堂时间内讲授显然不够充分,也不够深入。教师可以借助信息技术,综合多种学习方式,丰富学习资源。在上述课例中,教师引导学生利用课前时间讨论、合作、搜索关于"度"的知识,课上进行分享。在自主学习、小组合作和分享信息的过程中,不同的学生有不一样的智慧与发现,丰富了课堂的教学资源,促进和深化了学生对长度单位的理解。课中,教师播放微视频,激发学生主动思考并快速全面地了解"度"的相关知识。例如,视频播放"用地球上的一段距离作为长度单位,就可以得到固定不变的度量单位"以及"现代车的左右车距与古代两匹马的屁股宽度接近"等。通过视频的学习,学生对抽象的知识有了更直观的了解。另外,教师还设计了"看图猜成语"的环节,即出示处理过的图片,引导学生探究古今长度单位之间的关系,从而将图片信息与成语建立联系。这便由常规的教师单方面资源"供给"走向了师生智慧"共生",由学生的被动接受走向主动探究。

二、综合学习内容,从"零散"走向"整体"

《义务教育数学课程标准(2022 年版)》特别提出:"主题活动的设计提倡多学时的长程学习,可以根据实际情况灵活设计活动内容和形式。"度量衡的发展是逐渐的、复杂的,涉及历史、政治、科学等多学科知识。对于小学生来说,自主梳理比较困难,这就需要教师对活动的内容进行整合。例如,上述课例中教师借助现实问题"徒弟就是按照师父记录的尺寸做的,为什么做出的衣服会小"引出度量衡;站在科学的角度分析历史故事,如"七尺男儿有多高",探究度量衡;站在数学的角度"推算出自己在古代身高是几尺""生活中常说的腰围 2 尺 3 寸是多少厘米"等,进行古代与现代长度单位的换算;站在数学与语文的角度思考历史典故和成语,如"鼠目寸光""火冒三丈"等,用严谨的数据理解成语;站在历史的角度理解度量衡统一的意义与价值。通过几个活动将"度"在不同领域的内容串联、整合,将零散的长度单位知识整合成了主题学习,丰富了学生对量感的理解。

探索度量衡的古与今（2）

【教学目标】

（1）通过查找和整理资料，了解有关"衡"的计量单位在古代的具体意义和发展；了解和"衡"相关的典故、成语、古诗词，并将其中的质量单位与现代计量单位建立联系；了解古代"衡"在现代的延续应用。

（2）知道最初的度量方法是借助身体部位或日常用品进行度量，加深对量和计量单位的理解，在自主探究、合作交流、总结分享中，丰富并发展量感。

（3）了解度量衡的发展，培养学生民族自豪感。感悟计量单位由多元到统一、由粗略到精细的发展过程，培养科学精神。

【教学准备】

课件，课前资料查询记录单，1角、5角、1元的硬币各1枚。

【教学过程】

一、在认知冲突中引入新课

师：这幅图中的价格谁能看懂？见过或听过"斤"吗？在哪听过？生活中我们常用斤做单位，1斤等于500克。可老师最近遇到了一件很奇怪的事情。前几天我买了1斤的雨花石送给住在中国台湾的朋友，她收到后竟然跟我说不到1斤。我百思不得其解，就把下面这张照片传给了那位台湾朋友，她看到照片，一下子就明白了。她告诉我，因为度量衡不一样，台湾的1斤不是500克。听到这里，你有什么疑惑？是啊，同样是1斤，为什么克数不一样呢？今天我们一起来探究。

二、交流分享，了解"衡"的历史变化和发展

1. 资料分享，了解历史

师：想解决"同样是1斤，为什么克数不一样呢"这个问题，就要研究"衡"的知识。我们已经学过质量单位千克和克。古代有哪些质量单位呢？小组内分享你查阅的资料。

师：古代人一开始对于重量的感觉很模糊，他们都是靠眼睛和感觉来判断的。但这样交换物品时不公平，于是就需要称重。最开始的称重工具是这样的，谁看得懂？

生：左右两边各放物品，然后拎中间的线，一样重的话，左右就能平衡。

师: 交换的过程中逐渐产生了一个标准。让我们跟着两位资料梳理员,一起去探索"衡"的历史。

音频 1: 同学们都听过姜太公钓鱼愿者上钩的故事。史书中记载,姜太公还规定黄金方寸重 1 斤,根据推算大约是 148 克。但那时长度单位也不精确,如果尺寸变大,那么黄金就会变大,相应地 1 斤的重量也会增加。用黄金的比重来确定 1 斤重量的标准,在比较富裕的齐国和盛产黄金的楚国等地广泛使用。

音频 2: 用黄金确定 1 斤的方法在黄金稀缺的地方可行不通。在产黍的地区,则流行一种"黄钟定衡法"。黍是中国古老的农作物,也就是那时候的粮食,和现在的小米差不多大。黄钟是一种乐器,管状的。借助黍和黄钟,经过一系列推算,得出 1 斤大约重 250 克。

黍

黄钟

师: 有的诸侯国用的是"黄金比重",有的是"黄钟定衡",也造成了斤重的不同。齐、楚等国的 1 斤少于 250 克,而秦、晋等国的 1 斤多于 250 克。试想一下,秦、晋的人们要去齐、楚买东西,他们要带着黍和黄钟等东西,然后再和齐、楚的黄金进行换算,你们感觉怎么样? 是啊,这么麻烦,增大了交易的难度,不利于经济的发展。那怎么办? 以哪国的为准呢?

1 斤多于 250 克

1 斤少于 250 克

音频 3: 这时候秦始皇做了一件对中国发展意义重大的事情——统一了六国,这样才得以统一度量衡,以秦国原有的度、量、衡为标准,制成统一的标准器发布到全国。这个铜权净重约 258 克,就是秦朝一斤的标准重量。秦朝统一了度量衡,方便了各地的物品相互流通,大大促进了经济的发展。

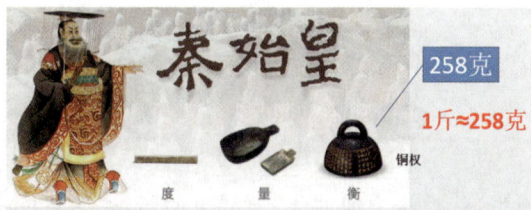

秦始皇

258克

1斤≈258克

度　量　衡

铜权

2. 体验活动:秦朝的1斤有多重?

师:秦朝的1斤大约是258克,有多重呢? 想体验吗? 把你的数学书举起来。这大概就是秦朝的1斤。如果在秦朝,你能举起多少斤的东西? 据史书记载,项羽能举起700斤的鼎呢! 可能有的同学对于人类能举起的重量比较模糊,现代世界举重最高纪录是伊朗的一名选手创造的,为263.5公斤。我们知道现在1公斤=2斤,263.5公斤也就是527斤。那项羽能举700斤的鼎,是真的吗?

同桌讨论。

师:其实就是因为古代度量衡的标准不同,说法也不一样,所以换算成现代的斤,还是很有可能的。看来历史故事里还藏着数学知识呢!

3. 引入"秦半两"和"汉五铢"

音频4:秦始皇还颁布衡制为五权法,即"铢""两""斤""钧""石"。1石为4钧、1钧为30斤、1斤为16两、1两为24铢,由此确立了秦朝的质量单位。

出示秦朝的货币。

师:秦始皇还统一了货币,都用秦币。古代的钱币是用铜铸造的,有多重,就值多少钱。猜猜这钱币上面的字读什么? "秦半两",也就是半两重。

出示汉朝的货币。

师:到了汉朝,工艺改进,分量降低。猜猜这上面的字读什么? 所以汉朝的钱叫作"汉五铢",也就是一枚钱币只有5铢的重量。

师:看过古装剧的小朋友可能见过,古代人的货币都是用绳子穿挂在腰间的,那秦半两和汉五铢挂在身上有多重呢? 要想知道它的重量只能怎么办? 推算。

4. 探究活动:秦半两、汉五铢大约有多重?

小组合作,交流反馈(秦半两重8克,汉五铢重约3.3克)。

师:秦半两和汉五铢在中国货币发展史上影响深远。秦半两的外形奠定了之后历代的硬币都是圆形的;汉五铢最大的贡献就是它的重量影响了此后中国历代钱币的重量。比如我们现代的硬币,课前我们测量了1角、5角、1元的硬币重量,分别是3.1克、3.8克和6克。

师:比一比,汉五铢和秦半两分别与哪枚硬币的重量差不多? 拿出1角和1元的硬币在手里掂一掂,什么感觉? 再挂在腰上有什么感觉?

师:我们通过比一比、用手掂、挂在身上这些不同的方法感受了秦半两和汉五铢的重量,铢和两都是比较小的质量单位。这是既科学又实用的研究方法。

师:汉朝之后,一斤的重量开始逐步上升,不过也有所反复。到隋朝初期,1斤约为680克。1斤的重量变大了,你猜猜为什么? 有一种说法是:古代的农民是要上交粮食给官府的,当时官府没有严格的度量衡管理制度,官员在征收时任意加大1斤的分量,这样就可以从老百姓那里多拿些。

音频5:随着朝代的不断发展与更替,到了明清,1斤的标准基本为600克。清朝后期,中国和西方国家的交流增多,为了和国际接轨,1929年,南京国民政府正式决定,采用国际上通用的克、千克作为单位,又考虑到老百姓的使用习惯,所以对斤和千克做了换算,将1斤规定为500克,1公斤就是1千克。1959年,为了进一步计算方便,我国政府将旧的1斤等于16两调整为1斤等于10两。

师:现在中国台湾的 1 斤是 600 克,并且 1 斤也等于 16 两,你知道台湾用的是哪个朝代的计量标准吗? 这也说明台湾是我国不可分割的一部分。所以,大陆 1 斤,也就是 500 克的雨花石,没有到台湾的 1 斤,即 600 克。现在明白台湾的朋友说不到 1 斤的原因了!

师:通过了解"衡"的古往今来,你有什么感受?

学生交流。

小结:衡的标准是根据当时的社会发展水平不断变化的。人们通过不断的实践和摸索,并且伴随着科学技术的发展,最终统一了既方便又合理的计量标准。

三、链接成语,拓展阅读

师:在衡不断发展的过程中,发生了很多和重量相关的故事,有一些浓缩成了我们耳熟能详的成语。给你一幅图,你能猜出是什么成语吗?

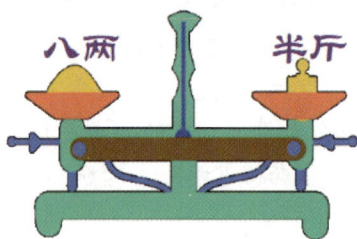

师:你觉得这个成语源于什么朝代? 在 1959 年之前,1 斤都是 16 两。这个成语其实源于秦朝。那么古代 1 斤为什么是 16 两,而不是 10 两呢? 在技术不发达的古代,10 等分并不好分,而按对半等分操作,十分方便、相对准确。这就是古人的智慧。

师:再看这幅图,这里明明是 3 万斤,为什么说是千钧?

师:1 钧＝30 斤,1000 钧＝30000 斤,一根头发上吊着 3 万斤的重量,比喻非常危急。这些成语不仅可以结合图意去猜,还能通过古代与现代的单位换算来判断,再根据数据理解成语的意义,很有趣。

继续出示图片,猜成语连线。

héng shí liàng shū
衡石量书

zī zhū bì jiào
锱铢必较

yī zì qiān jūn
一字千钧

léi tíng wàn jūn
雷霆万钧

四、总结延伸

师：我们研究了度和衡的古与今，你有什么收获？量也是从古至今不断发展的，想了解关于量的古与今，等学习完相关的知识后，也可以像这样查找资料，用这两节课学会的方法自己研究。

（本主题活动由南京外国语学校河西初级中学第一附属小学施娅林老师执教）

🔍【分析点评】

一、打破学科壁垒，整体感知知识

《义务教育数学课程标准（2022年版）》提出：综合与实践领域知识的学习以跨学科主题学习为主。跨学科不是拼盘，也不是形式化地贴标签，而是要打开思路，打破传统的学科壁垒，促进学科间的有机融合。

例如，在上述"探索度量衡的古与今"教学中，教师指导学生根据历史时间轴线梳理度量衡的历史和发展，在梳理的过程中知道了秦始皇统一度量衡的故事，了解了古代的计量工具和计量单位，以及这些工具和单位的发展历史，这些历史知识在常规的数学课中很容易被忽视。然而，这却是学生深度理解度量衡的必备知识。因为只有了解度量衡的历史发展，学生才能更深刻地理解：现实世界的"物"用不同的"量"来描述是基于人们的生活需要；由于标准不同，数据就不一样，为了更方便、合理地表达，人们在不断的思考与实践中确定了标准；不同量之间也是有联系的，比如"斗"既是质量单位也是体积单位。又比如，课前大多数学生听过"半斤八两"这个成语，也知道它的大致意思，但是并不理解这个成语的真正含义。经过本节课的学习，数学与语文相互融合，学生从严谨的数据和感性的文学两个角度深度理解了这个成语，也了解到原来的质量单位是十六进制，而现在的质量单位是十进制，加深了对计量单位进率的理解。这样的跨学科学习能有效培养学生对数学知识的整体感知，从而形成结构化认知。

二、融合学科特点，实现综合育人

教育部在《关于全面深化课程改革　落实立德树人根本任务的意见》中指出："改进学科教学的育人功能，要在发挥各学科独特育人功能的基础上，充分发挥学科间综合育人功能，开展跨学科主题教育教学活动。"开展跨学科主题式学习，融合各学科的特点，能更有效发挥各学科的育人优势，开阔学生的眼界和思维，实现综合育人，促进学生全面发展。

1. 数学课上的"信息味"——用"信息"认识世界

《义务教育数学课程标准（2022年版）》提出："促进信息技术与数学课程融合。合理利用现代信息技术，提供丰富的学习资源。"将信息技术与数学学科有机融合，拓宽了学习空间，延展了学习时间，丰富了学习资源。例如，学生可以随时随地选择自己感兴趣的内容去学习，可以感受到通过"信息"能够认识世界，认识到只要愿意学习，途径有很多。这在常规的数学教学中是难以实现的。

在上述课例中，学生利用课外时间搜索度量衡的相关知识。有些学生搜索到古代的计量单位，有些学生了解到古代计量单位在现代社会中的沿用，甚至有些学生还尝试进行古与今单位之间的换算。在搜索信息的学习过程中，不同层次学生的学习能力都能得到充分的发展，最重要的是信息技术为所有的学生打开了认识世界的一条重要通道。

2. 数学课中的"语文味"——用"语文"表情达意

语文的感性和数学的理性，看似很难有交集，但是如果在数学的课堂上穿插进一些文学典故或成语，不仅能激发学生的求知欲，还能让学生在语文的表情达意中实现知识的学习。

例如，大部分学生知道"半斤八两"成语指的是彼此水平相当的意思，但他们不知道古时的半斤就等于八两，这样"半斤八两"才会有文学上势均力敌的解释。而在现代，1 斤是 10 两，那半斤则是 5 两，由此实现了学生在十进制与十六进制之间的转化。另外，通过对成语的数据分析和文字理解，实现了古代与现代计量单位之间的转化。在数学和语文的融合中，学生冲破了自己认知的藩篱，既体会到数学的理性思维（如用不同的进制表达，数据不同），又体会到古人生动的感性思维（如借助抽象的计量单位都能表情达意，将生活诗意化）。

3. 数学课上的"历史味"——用"历史"启迪人生

读史明智。了解人类社会和文明的发展，能够帮助我们开阔视野、增长见识、启迪人生。例如，通过学习历史，我们知道每一个时代都有其智慧的创造，也有其局限性，而社会不断进步的源泉就是传承智慧和突破局限。

在上述案例中，通过梳理度量衡的历史与发展，学生感受到古人的智慧，增强了民族自豪感。同时，会自然而然地思考：为什么度量衡在秦始皇统一中国前难以统一？为什么后来又出现了"南尺北尺"？度量工具的精确程度和什么有关？这些思考都是在启发学生：只有国家统一，才得以统一度量衡。统一标准才能更快促进各地的经济往来，以此促进社会的发展，技术才得以精进，这又增强了学生的民族自豪感和责任感。

🔍【案例分析】

一、注重整体设计，深度发展量感

在小学数学中，计量单位的学习内容是十分丰富的，基本贯穿了小学数学学习的始终，具体包括长度单位、质量单位、时间单位、面积单位、体积单位等。在学习这些计量单位的过程中，量感作为核心素养的一部分，其内涵更加丰富，不仅是知识和技能（如会测量与计算），而且更注重对事物的可测量属性及大小关系的直观感知以及生活中的测量经验积累等。对计量单位进行主题统整式教学，有助于学生系统建构计量单位体系，发展量感。长度单位、质量单位和容积单位看似是没有联系的 3 种度量单位，其实有着本质联系。例如它们都是描述物体的不同属性，相邻单位之间的进率都与十进制有关。而每种度量单位内部之间既相互联系又相互独立，如毫米、厘米、分米、米和千米，每个单位在表达物体长度时既有特定优势，也有一定的不足。因此，将这些知识以主题式教学，有助于学生在较短时间内建构度量单位体系，形成相对稳定的知识结构，能快速、合理、灵活地选择合适的单位进行表达。另外，在"探索度量衡的古与今"教学中，教师还指导学生通过信息化手段调查研究，引导学生了解更多计量单位，如古代常用的长度（质量）单位与现代长度（质量）单位之间的联系与区别，同时还梳理了计量单位的发展过程，渗透统一度量单位的意义。学生在系统架构中感受丰富、饱满的计量单位体系，发展量感。

二、突破学科定势，综合思维方法

主题式活动的内容高度整合，在这种情况下，可能会出现一些数学中没有出现过的问题，或者用数学思维或方法无法解决的问题。就如真实情境中的问题，几乎不可能仅仅运用数学知识就能解决，而是需要调用多学科的知识技能，关注学科间、知识间、思维与方法间的

关系,进而解决问题。这就需要教师引导学生综合运用其他学科的思想方法,开拓创新。例如在"探索度量衡的古与今"主题活动中,学生需要借助信息手段了解度量衡的历史,这就需要学生调动信息技术搜索方法;站在科学的角度分析历史故事,如"七尺男儿有多高""项羽举鼎是真的吗",引导学生用辩证的思想去看待历史故事;站在数学与语文的角度共同思考历史典故和成语,如"鼠目寸光""半斤八两"等,既用到语文的夸张手法,也能用数据具体感受;站在历史的角度理解度量衡,知道度量衡的发展不是一蹴而就的,而是随着经济、政治的发展逐渐统一的,体会统一度量衡的意义与价值。学生在参与实践活动或问题解决的过程中,突破学科定势,感受到各学科的思维和方法在解决实际问题中的重要意义。

三、探究现实问题,促进能力发展

综合与实践活动强调学生在现实情境和真实问题中探索和发现,从这一要求出发,活动设计应通过真实问题引领学生亲身经历数学的观察、思考与表达,以达成发现、提出、分析、解决问题能力的提升。在"探索度量衡的古与今"活动中,选择现实的综合性问题情境,通过"徒弟就是按照师父记录的尺寸做的,为什么做出的衣服会小"和"同样是1斤,为什么克数不一样呢"引出课题;其次,通过"你知道自己的身高在古代是几尺吗""秦半两、汉五铢大约有多重"等具有较强现实性、探究性的活动引导学生主动探究。学生围绕"问题"进行研究,积累研究的经验。探究的过程丰富了学生对度量的认识和感悟,激发其主动、深入地分析问题和解决问题,积累数学基本活动经验,培养其创新意识与应用意识。

案例2　探秘圆柱

【导读】

课程应该分科还是综合?这个问题由来已久。古代的课程以一种低水平的综合为特征;随着人类对自然、社会以及自身的认识达到了新的高度,分科课程出现了;但是,分科课程发展到相对成熟后,出现了过度分科的问题,学科间相互封闭、相互隔阂或者交叉重复的问题逐渐显现,于是跨学科研究应运而生。这里所讲的小学数学跨学科主题学习,并不是数学和其他几门学科简单的相加,而是需要经过整合、融通,使学习从以学科为中心转向以学生为中心,激发学生探究真实问题的欲望,发展学生综合解决问题的能力,从而体验探究所带来的喜悦和成就感。如何"融通多学科所学知识,解决生活中的现实问题,发展学生的综合能力"呢?这需要教师充分收集生活素材,设计主题探究活动。在"探秘圆柱"主题活动中,学生尝试运用多学科知识解释"树干为什么是圆柱体""易拉罐为什么设计成圆柱体"等生活现象,看问题的角度被大大拓宽;跨学科主题活动还应十分注重方法的"综合性",引导学生综合运用方法解决问题,验证自己最初的猜想;在探得圆柱的两个秘密(侧面积相同时,圆柱的容积更大;体积相同时,圆柱的表面积更小)之后,还巧设开放性现实问题,让学生回归到现实生产生活中,促进学生应用意识的提升,同时也体现了课程教学的延展性。

【教学目标】

(1) 丰富跨学科的真实情境体验,体会数学在生活中的应用,能综合运用数学、科学、信息技术等学科知识解决真实情境问题,初步感受用数学眼光思考现实世界,实现多学科融合。

(2)在观察、分析、猜想、操作、实验等过程中感受圆柱的基本特征在生活中的应用,培养数学建模、逻辑推理能力。

(3)提升信息提取、问题分析、质疑反思、实践验证能力,学会用数学语言表达现实情境,落实学科育人目标。

🔍【教学准备】

课件,圆柱形容器、长方体容器、三棱柱容器、食盐、量杯、电子秤、水等实验用具。

🔍【教学过程】

一、大树的树干为什么是圆柱形的?

1. 圆柱的承重力强

师:同学们,关于圆柱我们已经学习了它的特征、表面积和体积。圆柱中还有哪些秘密等着我们去发现呢? 先来看图,这些柱子的形状都是圆柱形的,你们知道这是为什么吗?

生:因为圆柱的支撑力强,我们在科学课上做过这样的实验。

师生共同回忆当时做科学实验的过程。

将A4纸折成三棱柱、长方体、圆柱,比较哪种形状承重力最强?

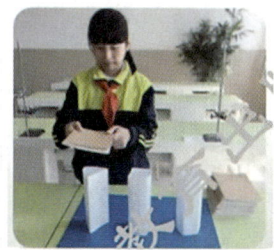

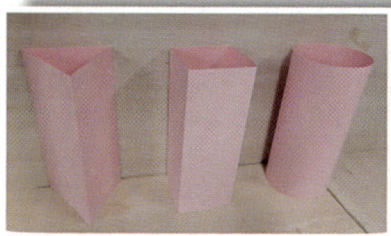

圆柱的承重力强

师:通过科学实验,我们发现圆柱的承重力更强。所以很多建筑用圆柱来做支撑。

2. 猜想树干为什么是圆柱形的

师:其实,大自然中圆柱形的物体也随处可见,比如大树的树干。大家见过其他形状的树干吗? 大树的树干为什么都是圆柱形的呢?

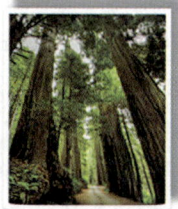

树干为什么都是圆柱形的

生：因为可以承重,上面有很多的果实。

师：你结合前面的知识解释了这一现象。除了承重力强,还可能有什么原因? 我们来听一听科学老师的科普吧。

视频介绍：我们知道大树的树干里分布着很多的导管和筛管,负责运送养分和水分。大树的树干是圆柱形的,就可以储存更多的养分和水分。

师：听了科学老师的解释,从数学的角度来看,可以储存更多的水分和养分,就是指什么更大?

生：容积更大。

3. 实验验证

师：下面我们就用硬卡纸来模拟几种树干的形状,可以卷成圆柱,还可以卷成长方体或者三棱柱。这 3 个立体图形什么相同?

生：侧面积相同。

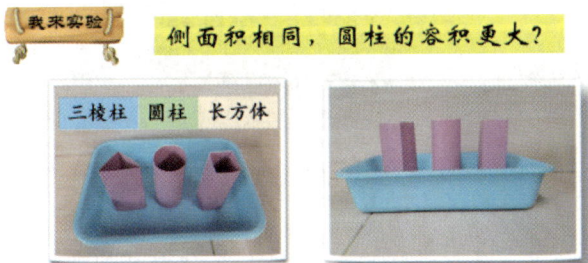

师：侧面积相同时,圆柱的容积更大,是不是这样呢? 老师给大家提供了食盐,各小组先商讨实验方案,再进行实验。

生1：我们小组分别把食盐装入这几个容器中,再把食盐倒出来称重,圆柱容器里的食盐最重,说明圆柱的容积最大。

生2：我们小组是把食盐装满各个容器,再把食盐倒入量杯中,看刻度,圆柱容器里的食盐最多。

生3：我们小组采用的是互相比的方法,先把食盐灌满一个容器,再把这灌满的食盐倒入另一个容器中。如果灌不满,说明灌不满的容器容积大;如果有溢出,说明这个容器容积小。最后发现圆柱的容积最大。

师：虽然大家测量的方法不同,但是都证明了:侧面积相同时,圆柱的容积更大。

视频继续介绍其他原因。

师：看完视频,你有什么想说的? 除了从承重力强、容积更大的角度解释树干为什么是圆柱形的,原来还有不容易被风吹倒,没有棱角不容易被动物啃咬这些原因。物竞天择,适者生存,大自然拥有很多的奥秘等着我们去探索。

二、易拉罐为什么是圆柱形的?

师：其实,生活中许多物品的形状也是圆柱形的,比如这罐可乐净含量 200mL,就装在圆柱形的易拉罐里。易拉罐你见过其他的形状吗? 为什么易拉罐都做成圆柱形呢?

师：同学们很善于观察,从不同的角度给出了解释,都挺有道理的。老师也收集了一些资料,我们一起看一看。

握起来更舒适

节省材料

没有棱角,不易变形

受力均匀,防止碳酸饮料爆裂

安全,不易划伤

师：其中一位同学说的节省材料指的就是:在保证体积相同的情况下,做成圆柱形易拉罐比其他形状表面积更小。大家想不想也模拟不同形状的易拉罐来进行实验? 现在我们仅有这些材料:圆柱形容器,正方体容器,一些水。小组商讨一下实验方案,再进行操作。

我来实验 体积相同,圆柱的表面积更小?

生：我们把相同的水分别倒入正方体和圆柱形容器中,分别测量需要的数据,再比较表面积。

师：通过实验我们发现,体积相同时,圆柱的表面积更小,运用到生活中也就是可以节省材料。

小结：刚刚我们通过两个实验研究发现了圆柱的这两个秘密,并利用这两个秘密解释了生活中的现象。其实生活中这样的例子还有很多,例如太阳能热水器、瓶装纯净水、蒙古包就是根据圆柱容量大的特点设计的,罐头、画笔、水桶是根据圆柱省材料的特点设计的。

三、吸管是怎样生产的?

师:吸管的形状也是圆柱。大家一定还见过这样近似于圆柱形的吸管,我们通常叫它斜切口吸管。为什么吸管要做这样的改变呢?

生:好戳破。

师:的确,一个小小的改变,就可以便于使用。这根吸管的内径为1.2厘米,长边为20厘米,短边为19厘米,如果给你195米长的圆柱形纸吸管,你能切割出多少根这样的吸管?

出示学生不同做法。

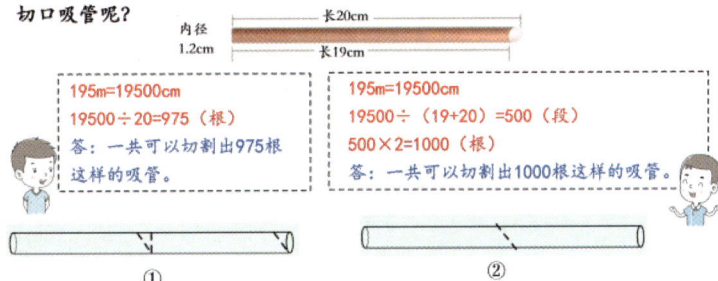

师:如果你是商家,你会选择哪种切割方法?

生:第二种,因为节省材料。

师:商家确实选择了和你们一样的省材料的切割方式。

视频介绍。

四、总结反思

师:同学们,我们已经了解了圆柱的哪些秘密?

生:承重力强,容积更大,表面积更小。

师:其实圆柱还有其他的秘密呢!瞧,蜡烛、油桶、灭火器,它们为什么都设计成圆柱形?这其中又蕴含着怎样的秘密呢?就留给同学们课后去研究吧。

(本主题活动由南京致远外国语小学分校臧楠楠老师执教)

🔍【案例分析】

一、综合运用知识解释自然现象,丰富学生看问题的角度

《义务教育数学课程标准(2022年版)》指出:学生通过数学的眼光,可以从现实世界的

客观现象中发现数量关系与空间形式,提出有意义的数学问题;能够抽象出数学的研究对象及其属性,形成概念、关系和结构;能够理解自然现象背后的数学原理,感悟数学的审美价值。"探秘圆柱"主题活动的设计,旨在让儿童在真实情境问题中把数学知识和生活经验相融合,让儿童在跨学科实践中体会多学科的融会贯通和交叉渗透,指向儿童多元智能发展。先从观察生活中的柱子谈起,结合科学承重实验揭示圆柱承重力强的特点;紧接着回归到大自然中的圆柱形"树干",结合多学科知识解释圆柱形树干除了承重力强外,还有它容量更大等原因;最终落脚于生活中的圆柱"易拉罐",把"节省材料"抽象成"体积相同,表面积最小"的数学表达,逐步培养学生用数学的眼光观察现实世界的意识和习惯,发展好奇心、想象力和创新意识。

二、综合运用方法证实猜想,帮助学生塑造理性精神

《义务教育数学课程标准(2022年版)》指出:数学为人们提供了一种理解和解释现实世界的思考方式。通过数学的思维,可以揭示客观事物的本质属性,建立数学对象之间、数学与现实世界之间的逻辑关系,能够根据已知的事实或原理,合乎逻辑地推出结论,构建数学的逻辑体系。然而,现实中的问题往往比较复杂,不仅需要调用数学方法,还要调用其他学科方法。因此,在教学时教师可以引导学生综合运用方法解决问题,提高解决问题的能力。在上述课例中,课始,教师引导学生回忆科学课上做过的实验。课中,利用数学的眼光抽象出两个数学问题"侧面积相同时,圆柱的容积更大""体积相同时,圆柱的表面积最小"后,这两个生活现象该如何去验证呢? 这就需要学生再次站在科学的角度,小组合作设计科学有效的实验方案,并且保证实验的准确性和有效性。在案例中我们不难发现,学生提出的方法是多样的,比较容器的容积既可以直接看量杯的刻度,也可以采用电子秤称重,甚至可以倒来倒去互相比较。在第三环节中,通过对"吸管是怎样生产的""你能切割出多少根这样的吸管"这两个问题的思考,学生逐步形成重论据、有条理、合乎逻辑的思维品质,培养科学态度与理性精神。

三、巧设开放性问题,促进学生应用意识的提升

《义务教育数学课程标准(2022年版)》指出:通过数学的语言,可以简约、精确地描述自然现象、科学情境和日常生活中的数量关系与空间形式。儿童要能在探究真实情境所蕴含的关系中发现问题和提出问题,融合多学科知识分析问题和解决问题,形成质疑问题、自我反思和勇于探究的学科精神,学会用数学语言表达现实情境,落实学科育人的目标。在本活动对易拉罐形状的研究中,易拉罐为什么设计成圆柱体? 设计成长方体、球体行不行? 比"解决问题"更重要的是"提出问题",提出新的问题需要学生有创造性的想象力。"你觉得易拉罐设计成圆柱体的原因可能有哪些"让学生在分析问题和解决问题的同时,通过多渠道获取各方面的知识,发挥学生的主观能动性。怎样验证"体积相同时,圆柱的表面积最小"利用数学实验化抽象为直观,变静态为动态,实现学生的"玩做学合一"。实验后回归生活,利用圆柱的两个秘密解释了生活中的现象。最后一个环节"如果你是商家,你会选择哪种切割方法",真正做到了让学生自主思考和自信表达,逐步养成用数学语言表达与交流的习惯,形成跨学科的综合应用意识与实践能力。

第二节 实 践 性

《义务教育数学课程标准(2022年版)》相关内容:

综合与实践领域的教学活动,以解决实际问题为重点,以跨学科主题学习为主,以真实问题为载体,适当采取主题活动或项目学习的方式呈现,通过综合运用数学和其他学科的知识与方法解决真实问题,着力培养学生的创新意识、实践能力、社会担当等综合品质。

新一轮课程改革重点指出,课程内容"应贴近学生经验和社会生活;应强化学科内部知识整合,应统筹设计课程内容和跨学科主题学习""应重点关注学科思想方法和探究方式的学习,体现'学思结合、知行合一',倡导'做中学、用中学和创中学'",进一步强调了义务教育阶段课程的"综合性"与"实践性"。综合与实践作为数学课程内容的四大领域之一,是数学课程中沟通课程与实践应用的桥梁,大致经历了"理念形成—概念提出—继承发展"3个阶段,它的表达方式正是对"综合性"与"实践性"的极佳体现。

如果说"综合性"主要体现在跨学科学习,那么"实践性"则主要是指学生在数学学习活动中,自己主动具身参与、动脑思考、动眼观察、动手操作、动口表达、合作交流,参与现实问题解决的全过程,综合运用已有的学科知识和生活经验解决现实问题。[1] 小学数学综合与实践的教学有别于其他3个领域的课堂教学,教学过程以学生自主活动为主,学生通过实践操作获得丰富的感知体验。这样的学习过程可能有动手操作、调查研究、数学实验、数学游戏等不同方式。在整个实践过程中着力培养学生的观察能力、协调能力、动手能力、想象能力、辨析能力、推理能力、统筹能力等。

因此,在综合与实践的教学过程中切不可拘泥于书本,对学生进行简单的知识灌输,而应该充分激发学生的好奇心和求知欲,进而引导学生主动自觉地、饱含热情地投入到实践活动中来,在完整的实践活动过程中发现问题、分析问题、解决问题,提升自我效能感。小学数学综合与实践的"实践性"并非仅为了提升学生的动手操作能力,也并非为了活动而活动,它强调的是对操作层面的一种超越,学生不单单是活动经验的简单串联累加,还有数学思维的并联发展,所以实践时要避免浅层化与流程化。

反观当下,在综合与实践教学过程中,"实践性"不强的现象时有发生。一些教师在设计综合与实践活动时,习惯了沿用其他三大领域的教学流程开展教学,即使安排了小组合作或者实践活动,也容易流于浅层化、形式化,没有关注学生参与度、活动方法指导和活动反思,反而更关注实践活动的结果,大大削弱了实践的本身意义。同时因为怕学生出问题而减少活动流程、降低活动难度,教师过度掌控课堂,自己提出需要研究的问题、自己提出实践方案进而让学生动手实践,这样的做法压减了学生实践探究的空间和机会,大大削弱了综合与实践领域的"实践性"特征。究其原因,主要是教师受传统教学方式的影响较深。[2]

[1] 包芳芳.小学数学"综合与实践"教学存在的问题及对策研究[D].呼和浩特:内蒙古师范大学,2021.
[2] 李星云.小学数学"综合与实践"领域教学改进策略[J].广西教育,2022(22):16-19.

综合与实践教学须突出学生的主体地位,强调学生亲自参与,动手实践,学生要乐于探究、勤于动手,同时也要求教师有效地对学生的实践进行指导。如果仍然采用传统的教学方式,就会导致课堂气氛凝重,学生毫无兴趣,加上过多的掌控和刻板的评判标准,容易增加学生实践的畏难情绪,严重削弱了学生的积极性、主动性和创造性。所以教师要加强相关理论的学习,不断提高综合与实践活动设计和组织的能力,尽可能给学生提供丰富的素材,设计多样化的实践活动,关注实践方法的指导,引导学生经历探索的全过程,彰显综合与实践活动的实践性特征。

例如"一亿有多大"综合实践活动,并不是简单的计算题或想象题,它实际上是一节实践性很强的综合与实践活动课。学生对于"一亿有多大"的了解可能还停留在数位顺序表中该如何写、一亿有几个 0 等,并没有和生活中的"量"紧密结合起来,单纯从数的角度猜想一亿是很大的。以"一亿粒绿豆到底有多重呢""一亿个小朋友手拉手到底有多长呢""一亿张 A4 纸堆叠起来到底有多高呢"这些问题激发学生实践探究的兴趣后,教师应该思考实践方案怎样设计更合理。在研究"一亿张 A4 纸堆叠起来到底有多高呢"这个问题时,启发学生思考:测量一亿张 A4 纸堆叠起来有多高,应该先测什么?一张纸太薄了不好测量,可以怎么办?确定了实践方案又该如何推算?最终将实践获得的数据"10 000 米"和世界屋脊珠穆朗玛峰相比,发现虽然是薄薄的一张纸,但是如果一亿张堆起来是很高很高的,体会一亿"很大"。在研究"一亿粒绿豆有多重"时,可以先让学生猜一猜"一亿粒绿豆大约有多少",是一碗?一盘?一盆?还是需要更大的容器?怎样确定到底有多少?在经过亲身实践后体会到一亿又"很小"。当一亿与"量"紧密结合起来时,学生就有了更深的感受。

总之,在综合与实践教学过程中,要强调实践,而且要让学生真正参与到实践活动中来,完整经历自主探索、合作交流、回顾反思的全过程,促进能力的提升。

案例1 玩转方向

🔍【导读】

认识方向是图形与几何领域中图形的位置和运动主题里的重要内容,此内容的学习与学生的生活实际紧密联系,具有很强的实践性,是有效培养学生空间观念的素材。学生学习这部分内容,一方面可以进一步完善对于日常生活中常用方位的认识,提高合理描述物体间位置关系的能力,另一方面可以积累有关方向与位置的学习经验,发展空间观念。在"玩转方向"主题活动中,学生通过对"四面""八方"的复习及应用,进一步感受方向描述的规范性、体会方位的相对性,并在真实生活情境中积累数学实践活动经验,发展空间观念。在"方向知识我梳理"环节中,引导学生回顾生活中的方向和地图上的方向,体会方向的相对性,为综合实践的运用提供铺垫。在"出行路线我规划"环节,通过对上学路线的描述,引导学生联系生活中描述物体位置的经验,辨别东、南、西、北方向,并鼓励学生进一步对从学校返家的路线进行描述,在辨别和应用中加深对方位相对性的理解;通过"乘车去目的地"的探究活动,引导学生在运用"四面"的基础上继续运用"八方"的知识解决问题,并能够在平面图上进行表达,在实践活动中进一步积累辨别方向的经验;"景点打卡路线"则结合南京市的标志性建筑,指导学生开展合作交流,结合平面图对"四面八方"的方位描述进行进一步的实践与应用;最后的"出门打车我在行"环节则引导学生经历相对复杂的方向描述应用过程,培养学生解决问题的能力,积累数学实践活动经验。

【教学目标】

(1)经历运用所学知识在具体情境中辨认方向的活动过程,能用学过的方向描述物体或场所间的位置关系,积累一些确定和描述方向的经验,发展初步的空间观念。

(2)在认识方向的过程中,感受方向在生活中的广泛应用,培养与同伴合作的意识,增强方向感,获得对数学活动积极的情感体验,增强学好数学的自信心。

【教学准备】

课件。

【教学过程】

一、方向知识我梳理

师:同学们,之前我们一起学习了认识方向。昨天,老师请大家把有关方向的知识进行整理并提出你在日常生活或练习中产生的疑问。一起来看一看。

投影展示并介绍学生作品。

生1:生活中根据太阳、指南针等来确定一个方向,再根据这个方向顺时针旋转确定其他3个方向。现在小致面向东站立,向右转面向南,向左转面向北。

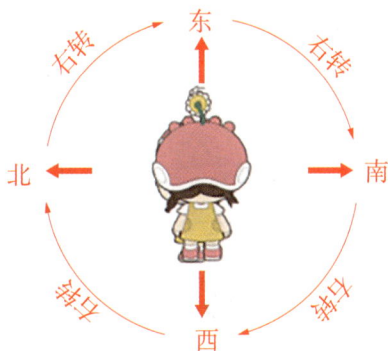

生2:平面图上规定上北、下南、左西、右东。

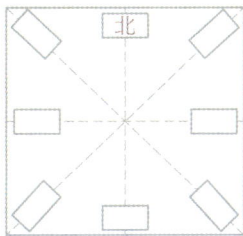

生3:通过整理,我们还一起复习了4组相对的方向,东对西、南对北、东南对西北、东北对西南。

师:我们用刚刚复习整理出的这些方向知识来解决生活中的实际问题。

二、出行路线我规划

1. 上学路线描述

师:致远小队的成员们策划了一次从学校出发去中山陵游玩的活动。刚刚整理的有关方向的知识,会对他们的出游有哪些帮助呢? 我们跟随小队成员一起去看看吧! 成员们决定在学校这个门口集中。这是学校的哪个门? 你是怎么知道的?

生1:太阳从东方升起,门正对着太阳升起的方向,所以是东门。

生2:这个门向着东面,所以是东门。

师:为了帮助大家看得更清楚,老师根据学校东门的位置,把附近的几条道路和小区简单地画了出来。

师:这里有4个小朋友,分别是兰兰、乐乐、丽丽、东东,他们要从家出发到学校东门,该怎么走呢? 帮他们规划一条合适的路线吧!

活动要求:

(1)画一画:选择其中一位小朋友,帮他制定合理路线;

(2)写一写:简单记录下他的行走方向;

(3)说一说:在小组内交流你的方法。

小组汇报:

生1:我选择乐乐,他从家出发先向西走到十字路口,再向南走到学校。

生2：我选择丽丽，她从家出发先向西走到十字路口，再向北走到学校。

生3：我选择兰兰，她从家出发先向南走到十字路口，再向东走到下一个十字路口，然后向南走到学校。

生4：我选择东东，他从家出发先向东走，经过第一个十字路口继续向东走，到第二个十字路口再向北走到学校。

师：你是用什么方法确定东、南、西、北这4个方向的？

生：根据上北、下南、左西、右东的规定，我在平面图上标出了东、南、西、北这4个方向。

师：兰兰这个小迷糊忘记带水杯了，她要从学校返回家，又该怎么走呢？

请你在图中画一画、写一写。

生：先向北走到路口，再向西走过月安花园小区，下一个路口向北走回家。

师：通过兰兰的来回路线你发现了什么？

生1：兰兰原路返回时走的路方向和上学是相反的。

生2：上学往南回家就往北，上学往东回家就往西。

师：这里用到了哪些相对的方向？（东对西，南对北）谁能用这些相对的方向快速地来说一说东东按原路返回，应该怎么走回家？

生：东东原路回家应该先向南走到路口，再向西走经过丹枫园小区，经过下一个路口继续向西走回家。

师：我们刚刚在设计小队成员在家和学校往返的路线中，用到了哪些方向的知识解决了这些实际问题？

生1：平面图上的方向规定是上北、下南、左西、右东。

生2：我们发现当原路返回时，都是与原来相对的方向。

2. 乘车去目的地

师：集合完毕，我们要乘车去中山陵了。老师这里有一份经过学校东门的公交路线图，一起来看看吧！红色是第一条公交车行驶路线，黑色是第二条公交车行驶路线，蓝色是第三条公交车行驶路线。你能说说这3条路线经过哪些重要的站点吗？

师：下面就一起运用方向知识来研究这3条路线吧！

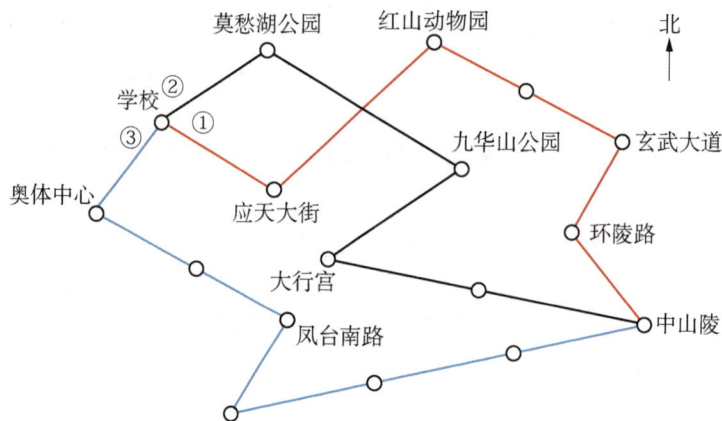

活动要求：选择一条从学校去中山陵的乘车路线，把行驶方向写在每条路线上，并介绍给同桌。

学生活动、交流。

师：我们要从第二条公交车路线返回又该怎么走？通过刚刚我们帮小队成员研究公交路线图，你有什么发现？这里运用了哪些相对的方向？

生1：从第二条公交车路线返回应该这样走：从中山陵站出发先向西北行驶，一直到大行宫站，然后向东北到九华山公园，接着向西北到莫愁湖公园，最后向西南回到学校。

生2：我们研究公交路线时运用了东南对西北、东北对西南这两组相对的方向。

师：你真厉害，通过公交路线图再次复习了平面图上方向的知识和相对的方向。

3. 景点打卡路线

师：五一假期，小致的好朋友来南京旅游，小致绘制了一张景点打卡图，一起来帮小致规划一下路线吧！小致想带好朋友去的景点在学校的东北方，猜猜他们想去哪里？

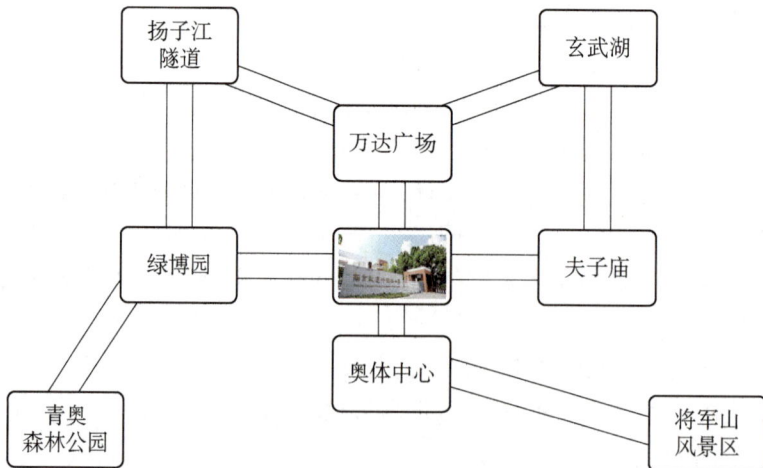

生：他们想去玄武湖。

师：你能像这样考考你的同桌吗？

同桌活动。

师:他们从学校出发先向南走,再向东南走,猜猜他们去了哪里?

生:他们去了将军山风景区。

同桌活动:一人说路线一人猜地点。

师:同学们,从家出发到学校东门集合,再研究乘车路线和景点打卡路线,在这次出行中我们都复习了哪些有关方向的知识?

生1:根据生活中的参照物确定一个方向,再顺时针旋转推出其他方向。

生2:用地图上规定的"四面八方"理清了行车路线图。

生3:原路往返用到了4组相对的方向。

三、出门打车我在行

1. 认识路线

师:同学们,生活中的出行除了步行、公交,还可以打车呢。看,老师想去金鹰世界,我打了一辆车。从地图中,你能获得哪些信息呢? 先同桌说一说,再分享给大家。

生1:海玥名都小区在学校的东面。

生2:我从地图中知道了金鹰世界在学校的东北方向。

生3:我还知道了车在乘客的西北面,它向东行驶到路口再向南就能接到人了。

2. 规划路线

师:小地图,大信息,大家的发现可真丰富! 接到老师后,这辆车会如何行驶去金鹰世界? 请你在地图上边模拟行驶路线,边用方向词介绍给同桌。

生1:我的路线是先向南行驶到兴隆大街处拐弯向东行,行驶到江东中路后向北拐弯,沿着江东中路行驶经过2个路口后到达金鹰世界。

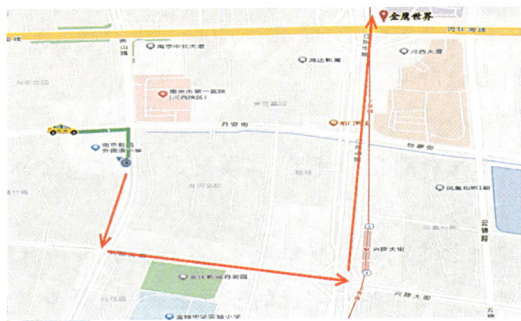

生2：我的路线是先向南行驶到兴隆大街路口掉头，沿着燕山路向北行驶到第2个路口后向东拐弯，沿着应天大街向东行驶到路口向北拐弯到达金鹰世界。

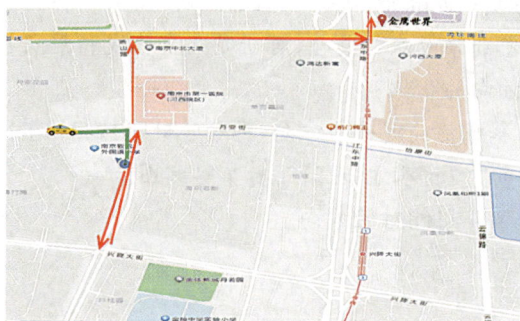

生3：我的路线是先向南行驶到兴隆大街路口掉头，接着向北行驶到月安街路口向东拐弯，沿着月安街行驶到江东中路路口向北拐弯，最后沿着江中东路向北行驶经过1个路口到达金鹰世界。

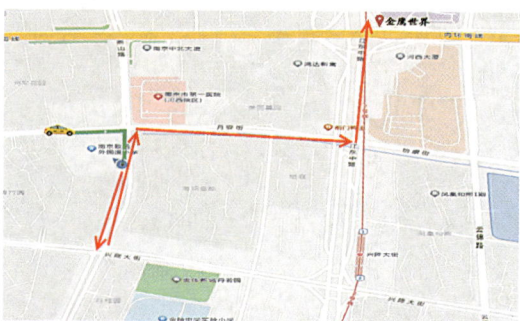

师：这也是一位同学选择的路线，他是怎么走的？你有什么想说的？

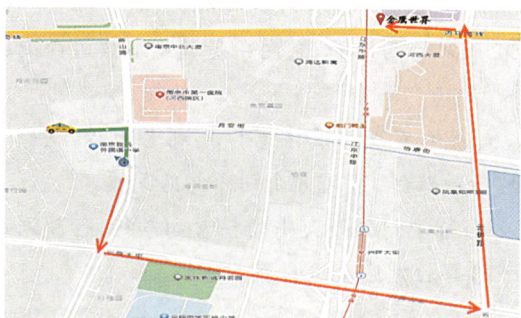

生：这条路线太绕了，浪费时间。

3. 调整路线

师：接我的车还没到，但我和朋友约好了，需要赶时间，该怎么办呢？先和同桌说一说你的想法。

生1：可以从学校门口往北走到路口直接乘车，这样比较节约时间。

生2：我同意他的想法。金鹰世界在学校的东北方向，这样直接过去，不用掉头，少行了两段路,可以节省时间。

四、分享收获共成长

师:同学们,今天我们一起整理复习了方向的知识,你有哪些收获?

学生交流。

(本主题活动由南京致远外国语小学陈敏老师、陈华老师执教)

🔍【案例分析】

一、巧设活动情境,在体验中内化

综合与实践课程是以"实践"为支架的活动课程,学生在活动中能感知、触摸、体验不一样的数学,从而变被动的"机械"学习为更加主动的"趣味"学习。在本主题活动教学中,教师围绕生活巧设实际问题情境,引导学生有效利用已有认知进一步理解确定方向的知识,加强东南、东北、西南和西北方向的识别能力,在运用知识解决问题的过程中培养学生积极的学习态度和解决问题的能力。

在"出行路线我规划"这一教学环节中,教师请学生们为4个小朋友从家出发到学校的路线做出规划,随后安排了兰兰从学校返回家又该怎么走的路线设计,引导学生在体验往返家和学校的路线对比中,巩固内化了确定方向的知识,以及方向的相对性特点。在研究乘车去中山陵的公交路线图时,教师提供了和生活实际联系密切的公交车站点,引导学生研究从学校去中山陵的具体的行驶路线以及同一路线的返回路线,灵活运用相对方向解决实际问题。课堂上,学生在具体体验操作中,不但激发了知识探索热情,而且有效增强了实践操作能力,促使学生更加灵活地运用学到的知识去解决生活中出现的数学问题,真正做到学以致用。

二、亲身经历过程,在实践中明晰

组织开展需要大胆猜想、动手操作的实践探究活动,不仅可以让学生了解数学知识的本质,还能带领学生全面、深刻地体验学习过程和方法,使知识学习变得立体和丰富,学生的思维更加灵活、条理更加清晰。在对本主题活动进行设计时,教师考虑到学生的数学知识能力和心理特点以及认知发展规律,创设了一些学生能够实践参与的课堂环节,让学生在动手实践中亲历体验,熟练辨认出8个方向,通过对物体位置的描述来体验物体间的位置关系,从而发展和提高空间观念。

在"出门打车我在行"这一教学环节中,学生正确理解打车截图中的数学信息后,教师请

学生在地图上模拟去金鹰世界的行驶路线,并用方向词向同桌进行介绍。随后引导学生联系生活实际分析行驶路线的优劣,以及在赶时间的前提下又可以在哪里上车。通过此环节的设计,把学生引入打车问题的具体情境中,使学生亲身体验方向和位置的变化。这样的教学实践,不仅解决了存在于学生头脑中的真问题,而且形成了结构化的知识体系,让学生对方向的认识也更加立体、深刻,有效培养了学生的空间观念。

三、开展小组合作,在交流中深化

综合实践主题活动尊重学生已有的经验,充分利用丰富的实践活动,还能促进同伴间的合作交流。实践活动中可以设计具有创新性、挑战性的环节,让每一位学生都有机会接触、了解、钻研数学问题,最大限度地开启每一位学生的智慧潜能。本主题活动中,每一环节的设计都围绕方向的确定这个中心,充分考虑学生以形象思维为主这一行为特点,设计出的学习活动为学生提供了小组合作、交流探索的空间。真正做到师生互动、生生互动,使每个学生在对方向的认识和了解中获得更多的数学经验和推理能力,有效提高学生自主探究意识,培养动手实践能力。

在"上学路线我规划"环节中,教师安排了学生四人小组合作交流的活动,每人选择问题中的一个小朋友,帮他制订合理路线并分享怎么走,调动了小组中学生自主探究、互动交流的积极性。在"乘公交车去中山陵"这一环节中,教师让学生与同桌合作,选择一条行驶路线,研究用方向词描述,鼓励他们感知方向的相对性,不但调动了学生主动探索知识的兴趣,还让课堂轻松愉快、充满乐趣,从而使学生更加积极主动地参与到知识体验过程之中。学生在数学探究活动中,通过实践探索和交流分享得到结论后的欣喜,将成为他们勇于探究、乐于实践的动力,助力数学思维的发展,对数学智慧的提升将产生积极的影响。

案例2 土圭之法

【导读】

《义务教育数学课程标准(2022年版)》附录1中的例55对此主题活动做了如下说明:中国在步入农业文明后,需要知道什么时候是春天,什么时候开始耕种。通过对历史资料的查找、讲述及探究活动,引导学生进一步感悟时间、历法与太阳运动周期的联系,感悟中国悠久的历史与农耕文明。

本主题活动以土圭之法的发展历程为线索,引导学生在不断探索与发现中感受这种利用日影变化的计时器的特征与原理,体会土圭之法是根据实际需求不断发展而产生的,从而培养学生的创新意识;知道根据土圭之法判断一天的时间与节气,"体会中国古代劳动人民依据太阳运动周期划分四季与节气并指导农事生产的智慧",探索时间单位的划分规律;引领学生走出教室,通过实际户外探测研究影子的方向、长短的变化规律,感受太阳位置变化对影子的影响,在实践中真正理解日晷计时的原理,发展学生运用所学知识解决实际问题的能力。本主题活动具体安排如表1-2所示。

表1-2　"土圭之法"活动安排

主题活动	时间安排	主要内容	目　标
土圭之法	第一课时	认识利用日影变化的计时器	了解古代具有代表性的计时工具;理解土圭之法的演变过程;感受日晷与现代时钟的联系
	第二课时	了解二十四节气	了解土圭之法指示二十四节气的方法;知道二十四节气的名称、时间、特征与分类;感受时间计量单位的等分特性
	第三课时	"立竿见影"观测活动	探索影子方向与长短变化的规律;探索太阳的位置变化对影子的影响;在制作日晷、户外探测的过程中感受日影变化的特点与规律

土圭之法的故事（1）——认识利用日影变化的计时器

🔑【教学目标】

（1）了解古代具有代表性的计时工具,感受不断完善计时工具的必要性。

（2）经历探索土圭之法的演变过程,认识利用日影变化的计时器的特征,感受日晷计时与现代时钟的联系,理解土圭之法的原理。

（3）感悟时间的意义和度量时间的必要性,感受日晷计时的局限性,培养数学的眼光与创新意识。

🔑【教学准备】

课件。

🔑【教学过程】

一、计时工具产生的需要

师:在原始社会时期,由于历法制定得不够完善,人们并没有非常准确的时间观念,天时和农事不能正确地结合。农民往往付出了辛勤的劳动与汗水,却收效甚微,日子过得非常艰难。人们越来越需要对昼夜变化过程有更准确的认识,便发明了一些计时的工具。你知道古代有哪些计时工具?

图片介绍:圭表、日晷、漏壶、沙漏……

师:早期每个计时工具的出现都经历了很长的时间,人们在使用这些计时工具的过程中不断发现其中的不足,并反复改进,这就是计时工具的产生与发展。今天这节课,我们主要介绍利用日影变化制作的计时器。

二、土圭之法的演变

1. 圭表——土圭之法的由来

视频介绍:相传在很久很久以前,有个青年樵夫名叫万年,一心想把时间定准,让百姓过上安康的生活。有一天他上山砍柴,累了便在树下休息,心里想着计时的事情,对着树影出神,不知不觉过了好长时间,他猛然发现地上的树影已经悄悄地改变了方位。

师:观察一下,你发现在这段时间里,树影发生了什么变化?

生:从天亮开始,影子越来越短,到了中午,影子最短,然后又逐渐变长。

视频介绍:万年灵机一动,为什么不利用日影的长短来计算时间呢? 他马上兴奋地赶回家,开始了自己的研究。经过不懈地观察、思考与调整,他想到在平地上直立一根竿子来代替大树,这根竿或柱便是早期的"表";在正南正北方向平放一块刻度板,叫作"圭"。当太阳照着表的时候,圭上出现了表的影子,根据影子的方向和长度,就能读出时间,这就是"圭表"。像这样观察这根竿子的日影长度的方法叫作土圭之法。《周礼·夏官司马》说"土方氏掌土圭之法,以致日景",可见在周朝已经有了专门掌管土圭的官员,被称为土方氏。

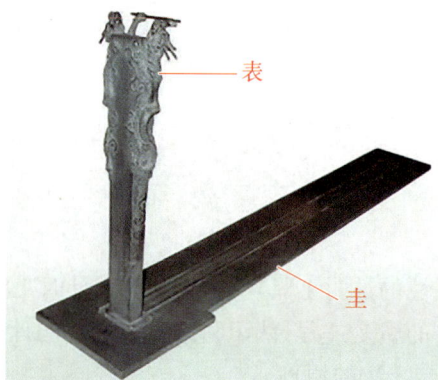

2. 日晷——土圭之法的进化

师:由于圭表的精确程度不是很高,因此人们对其进行了反复改进,最终发明了日晷。利用日晷计时的方法是人类在天文计时领域的重大发明,这项发明被人类沿用达几千年之久。观察一下,日晷由哪些部分组成呢?

日晷正面　　　　　　　　日晷背面　　　　　　　　日晷侧面

生:我看到了指针、圆盘和刻度。

视频介绍:日晷通常由铜制的指针和石制的圆盘组成。铜制的指针叫作"晷针",垂直地穿过圆盘中心,起着圭表中"立竿"的作用,因此,晷针又叫"表";石制的圆盘叫作"晷面",安放在石台上,呈南高北低。晷针的上端正好指向北天极,下端正好指向南天极。日晷有12个大格,每个大格代表2小时。日晷内环的12个字分别是:甲、乙、巽（xùn）、丙、丁、坤、庚（gēng）、辛、乾、壬、癸、艮，第二圈的 12 个字分别是：子、丑、寅、卯、辰、巳、午、未、申、酉、戌、亥，每字分为 8 刻，前 4 刻为初，后 4 刻为正，每刻相当于 15 分钟，利用太阳光的照射，针影落在字上，可知时辰。

师：当太阳光照在日晷上时，晷针的影子就会投向晷面，并且随着太阳的移动而移动。
播放晷针影子移动视频。

师：通过观看日晷记录时间的过程，你有什么发现？

生：移动着的晷针影子就好像现代钟表的指针，晷面则像钟表的表面。

介绍：古代将一昼夜分为十二时辰，每一时辰相当于现代的两个小时：子（23 时—次日 1 时）、丑（1 时—3 时）、寅（3 时—5 时）、卯（5 时—7 时）、辰（7 时—9 时）、巳（9 时—11 时）、午（11 时—13 时）、未（13 时—15 时）、申（15 时—17 时）、酉（17 时—19 时）、戌（19 时—21 时）、亥（21 时—23 时）。每个时辰还分"初""正"两格，大概与下面的时刻对应。早晨，影子投向晷面西端的卯时附近，当太阳达正南最高位置时，针影位于正北方，指示着当地的午时正时刻。午后，太阳西移，日影东斜，依次指向未、申、酉各个时辰。

子初	23 时	辰初	7 时	申初	15 时
子正	0 时	辰正	8 时	申正	16 时
丑初	1 时	巳初	9 时	酉初	17 时
丑正	2 时	巳正	10 时	酉正	18 时
寅初	3 时	午初	11 时	戌初	19 时
寅正	4 时	午正	12 时	戌正	20 时
卯初	5 时	未初	13 时	亥初	21 时
卯正	6 时	未正	14 时	亥正	22 时

师：作为一种计时仪器，日晷有着数千年历史，曾在世界多地被人们所使用。在中国，日晷的使用可追溯至约 3000 年前的周朝。日晷将线性的时间划分成若干等量刻度，能做到精准计时，减小误差。你知道下面左图中日晷图所代表的时间是现代几点吗？请先在图中标出数字，再想一想。

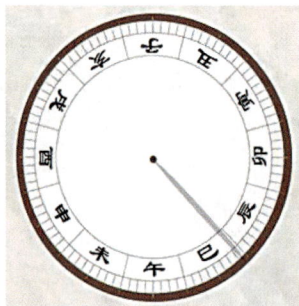

生:我是这样标的(上面右图),表示上午 9 时。

师:我们平时所说的"正午",影子指着哪儿呢?

生:午时的正中间。

三、日晷的局限性

师:日晷虽然功能很强大,但也有局限性。你能说一说它有哪些使用限制吗?

生 1:如果没有阳光照射,比如阴天和晚上,就没办法显示时间了。

生 2:一年当中,在我们北半球,阳光并不是总能照到日晷的正面的。

师:是的,日晷依赖阳光。如果某天阳光充足,日晷却无法指示时间,知道这是什么原因吗? 这是由于这天太阳运行轨道与赤道和晷面平行,日晷上没有影子,也就无法标注时间,这天便是春分或秋分。

四、拓展与延伸

师:《周髀算经》是中国最古老的天文学和数学著作,采用最简便可行的方法确定天文历法,揭示日月星辰的运行规律。书中记载:"故冬至晷丈三尺五寸,夏至晷尺六寸。冬至日晷长,夏至日晷短。"可见早在西汉时期,古人就对日晷进行了深入的研究。土圭之法不仅可以记录时间,还可以指示节气。节气是什么? 如何运用土圭之法辨别四季呢? 我们下节课继续研究。

🔍 **【分析点评】**

综合与实践活动,无论在教学内容还是学习形式方面,都给学生提供了一个主动参与、亲身经历、丰富感知的平台。在教学中,教师应努力引导学生经历现实问题解决的全过程,综合运用已有的学科知识和生活经验解决现实问题,凸显综合与实践课程的实践性。

一、经历土圭之法发展的全过程,培养创新意识

日晷是最古老的、以日影测时的计时器,我国是世界上最早使用日晷测时的文明古国之一,如今日晷已成为人类文明的象征。本主题活动以土圭之法的发展历程串起课堂探究的步伐:首先通过树影的变化得到启示,在一天中,被太阳照射到的物体投下的影子在不断地变化着;为了方便研究,在平地上直立一根竿子("表")代替大树,在正南、正北方向平放一块刻度板("圭"),可以根据圭上出现表的影子的方向和长度读出时间;后来由于圭表的精确程度不是很高,因此人们对其进行了反复改进,最终发明了日晷。学生在追寻祖先发明之路的过程中,体会到了中国古代劳动人民依据太阳运动周期划分时间的智慧。同时,启发学生思考日晷的局限性,知道利用土圭之法是根据实际需求不断发展的,为日晷的后续深入学习做铺垫,也为学生的成长埋下创新的种子。

二、综合应用所学在日晷上读出时间,培养应用意识

学生在了解日晷的基本原理并知道日晷的各组成部分之后,归纳概括出每个时辰还分"初""正"两格,能说出大概与今天哪些时刻相对应。通过观看一天中日晷记录时间的视频,引导学生发现晷针转动的特点。通过创设基于真实情境的"场学习"、多维体验的"活动学习"和跨学科的"综合学习",切实推进学生的学习历程,丰富学生的学习体验,进而引导学生能够根据晷面推出相应的时间,在解决现实问题中有效培养学生的应用意识。

土圭之法（2）——了解二十四节气

🔍 【教学目标】

（1）通过资料整理,了解二十四节气以及与之有关的故事和传说,了解如何利用土圭之法确定一年四季。

（2）了解土圭之法指示二十四节气的方法,知道二十四节气的名称、时间、特征;在分类、观察、分析、比较、交流的过程中感受二十四节气的价值以及时间计量单位的等分特性。

（3）体会中国古代劳动人民依据太阳运动周期划分四季与节气并指导农事生产的智慧,感受中华优秀传统文化。

🔍 【教学准备】

（1）查阅资料,了解二十四节气以及与之有关的故事、传说。

（2）查阅 2020—2024 年二十四节气的具体日期。

🔍 【教学过程】

一、二十四节气产生的需要

师:最早的计算时间的方法来源于对自然的观察。你知道在大自然中,哪些现象可以帮助我们区分四季的变化吗?

生 1:春天小草发芽,万物生长;夏天非常炎热,各种昆虫都出来活动了;秋天硕果累累,很多树叶逐渐枯萎掉落;冬天最寒冷,有很多小动物会冬眠。

生 2:每到冬天,天黑得很早;夏天的时候,黑夜较晚来。

师:四季作为一种自然现象,不仅表现在温度的变化,还表现在昼夜的长短和太阳高度的周期性变化。不过,这些时间点还不够精确,靠天吃饭的农民伯伯们会大大不满,因为晚播种几天,可能会错过一场雨水,导致颗粒无收。我国是世界上农耕文明发源最早的国家之一。我们的祖先在长期的农业生产中,十分重视天时的作用。《韩非子》说:"非天时,虽十尧不能冬生一穗。"意思是:不顺天时,即使十个尧也不能让庄稼在冬天里结成一个穗子。

二、土圭之法指示节气

师:千百年来,人们都在试图弄清楚四季是怎么形成、又是如何划分的。随着科学水平的提高,这些问题都已经得到了解决。

视频介绍:二十四节气的演变——先民利用土圭之法测量日晷。在一天中,正午时竿子的影子最短,记为这一天的日影。将每年日影最长定为"冬至",日影最短定为"夏至"。在春秋两季各有一天的昼夜时间长短相等,便定为"春分"和"秋分"。在商朝时只有这 4 个节气,

到秦汉年间,二十四节气已完全确立。公元前104年,由邓平等制定的《太初历》,正式把二十四节气定于历法,明确了二十四节气的天文位置。二十四节气被誉为"中国的第五大发明",2016年被正式列入联合国教科文组织的人类非物质文化遗产代表作名录。

师: 二十四节气对于我们来说并不陌生,我们语文课中曾经学过一篇节气歌,说一说其中包含了哪24个节气?

生: 春雨惊春清谷天,夏满芒夏暑相连,秋处露秋寒霜降,冬雪雪冬小大寒。说的是立春、雨水、惊蛰、春分、清明、谷雨、立夏、小满、芒种、夏至、小暑、大暑、立秋、处暑、白露、秋分、寒露、霜降、立冬、小雪、大雪、冬至、小寒、大寒。

三、二十四节气中的数学问题
1. 二十四节气与日期
出示课前调查的二十四节气日期表。

师: 比较这5年二十四节气的具体日期,你有什么发现?

生: 我发现每个月有两个节气,第一个节气一般出现在4日或者5日,第二个节气一般出现在20—23日。每个节气并不像儿童节、劳动节那样有一个固定的日期,它是在一个时间范围内。

介绍: 公元前104年,在《淮南子》成书35年之后,汉武帝颁布了由邓平等制定的《太初历》,它正式将二十四节气定于历法。《太初历》以太阳的运动周期作为年,以月亮的圆缺周期作为月,以闰月来协调年和月的关系。此后这种阴阳合历的方法一直沿用下来。300多年前,清朝顺治帝颁行《时宪历》,根据太阳在回归黄道上的位置来确定节气。现在的农历由中国科学院紫金山天文台负责计算,并且国家标准《农历的编算和颁行》(GB/T 33661—2017)规定了编排规则、计算模型和精度以及表示方法。下面是二十四节气的具体时间表。

节 气	日 期	节 气	日 期
立春	2月3—5日	立秋	8月7—9日
雨水	2月18—20日	处暑	8月22—24日
惊蛰	3月5—7日	白露	9月7—9日
春分	3月20—22日	秋分	9月22—24日
清明	4月4—6日	寒露	10月8—9日
谷雨	4月19—21日	霜降	10月23—24日
立夏	5月5—7日	立冬	11月7—8日
小满	5月20—22日	小雪	11月22—23日
芒种	6月5—7日	大雪	12月6—8日
夏至	6月21—22日	冬至	12月21—23日
小暑	7月6—8日	小寒	1月5—7日
大暑	7月22—24日	大寒	1月20—21日

2. 二十四节气与分类

播放二十四节气的景色。

师:看完二十四节气自然界的变化,结合课前收集的资料,想一想,二十四节气的命名有哪些意义?

学生交流:

雨水——表示降水开始,雨量逐步增多。

惊蛰——春雷乍动,惊醒了蛰伏在土壤中冬眠的动物。这时气温回升较快,渐有春雷萌动。

清明——含有天气晴朗、空气清新明洁、逐渐转暖、草木繁茂之意。

谷雨——雨水增多,大大有利谷类作物的生长。

小满——其含义是夏熟作物的籽粒开始灌浆饱满,但还未成熟,只是小满还未大满。

芒种——麦类等有芒作物成熟,夏种开始。

小暑、大暑、处暑——暑是炎热的意思。小暑还未达最热,大暑才是最热时节,处暑是暑天即将结束的日子。

白露——气温开始下降,天气转凉,早晨草木上有了露水,露凝而白。

寒露——气温更低,空气已结露水,渐有寒意。

霜降——天气渐冷,开始有霜。

小雪、大雪——开始降雪,小和大表示降雪的程度。

小寒、大寒——天气进一步变冷,小寒还未达最冷,大寒为一年中最冷的时候。

师:通过交流,相信大家对二十四节气的特征又有了新的认识。将这二十四节气按下面的分类填在表格中。

学生完成,分享交流。

表示寒来暑往变化	立春、春分、立夏、夏至、立秋、秋分、立冬、冬至
象征温度变化	小暑、大暑、处暑、小寒、大寒
反映降水量	雨水、谷雨、白露、寒露、霜降、小雪、大雪
反映物候现象或农事活动	惊蛰、清明、小满、芒种

3. 二十四节气与计量单位的等分

师:二十四节气是由地球绕太阳公转的运动位置决定的。如果我们把地球绕太阳旋转的轨迹看成一个平面中的圆,地球每年绕行太阳一周,共经历 24 个节气。把这个圆先平均分成 4 份,就得到了刚才所说的 4 个最重要的节气:春分、秋分和冬至、夏至。再把每大份平均分成两小份,又会得到 4 个节气:立春、立夏、立秋、立冬。最后把每小份再细分为更小的 3 份,就能得到完整的二十四节气平面示意图了。通过这个示意图,你对二十四节气又有了哪些新的认识?

生1:把"年"这样的大单位不断地均分成更小的单位,得到了 24 个节气。每个月有两个节气。

生2:每两个节气之间的时间大致相等。

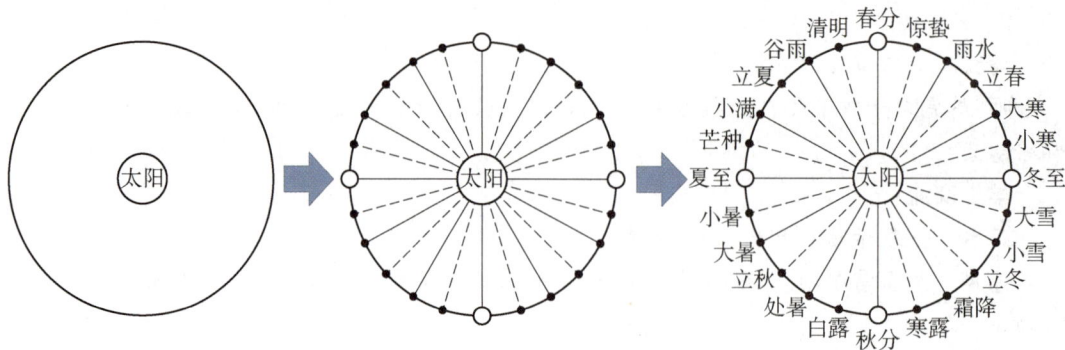

二十四节气平面示意图

师：二十四节气历法是按照"年—季—月—节气—候"这样的顺序把大单位不断均分成小单位的。这里的"季"指的就是季节。在二十四节气中，"立"表示一年四季中每一个季节的开始，立春、立夏、立秋、立冬亦合称为"四立"。祖先们又把每个节气细分为"三候"，五天为"一候"。

出示：2022年北京冬奥会开幕式恰逢立春（2月4日），那么2022年6月6日，你能判断它是什么节气吗？

生：相邻的两个节气大约按15天计算。从2月4日到6月6日大约120天，相当于8个15天，是芒种。

四、总结延伸

师：二十四节气是中国历法的独特创造，体现着中国人对宇宙、自然的独特认识与天人合一的智慧，几千年来对推动中国农牧业发展起了重要作用。我们从数学的角度研究了二十四节气，你有哪些收获？你还想从哪些角度去研究？

生：习俗、相关的古诗……

🔍**【分析点评】**

综合与实践活动中，学生的主动实践是关键。因此，教师在设计活动时，应该注重让学生在自主探究、动脑思考、解决问题的过程中享受学习的快乐。

一、在自主探究中阅"节气"之丰

二十四节气是我国古代历法的重要组成部分之一，是人与自然间独特的时间观念，综合了数学、天文学、气象学以及农学等多方面的科学知识。如何在自主研究中学会描述二十四节气的特征与内涵呢？

围绕这个主题，教师首先通过收集5年中二十四节气的具体日期，引导学生主动发现每个节气是在一个时间范围内，从而从数学的角度发现二十四节气的时间属性。其次，分类思想是数学中一种重要的思想，在了解与二十四节气有关的故事及自然界相应的变化后，教师引导学生对二十四节气进行分类，促使学生带着比较的眼光与分类的意识深入理解二十四节气的特点。在分类的过程中，引导学生逐渐养成分类的意识。在上述活动中，学生通过对二十四节气的观察、统计、分类、比较，能够直观理解二十四节气所蕴含的数学知识及其现实背景，在自主探究中阅"节气"之丰。

二、在动脑思考中析"节气"之精

二十四节气的形成与划分是数学与地理学科融合的结果,在本次主题活动中,教师引导学生思考二十四节气的划分及其与太阳运动的关系,帮助学生用数学的思维建立数学与现实世界之间的逻辑联系,形成有条理、合乎逻辑的思维品质,培养科学态度与理性精神。

本次主题活动中,结合小学生的认知特点,教师首先把地球绕太阳旋转的轨迹看成一个平面中的圆,地球每年绕行太阳一周,共经历 24 个节气。把这个圆先平均分成 4 份,就得到了"两分"和"两至"4 个重要的节气。然后,再平均分成两小份,得到"四立",最后把每小份再细分为更小的 3 份,得到完整的二十四节气。度量是数学的本质,是人类创造出来认识世界的数学工具,度量的本质在于表现事物某些指标的顺序。按照"年—季—月—节气—候"这样的顺序,在把大单位不断均分成小单位的过程中,学生掌握一定的知识技能,同时感悟度量单位所蕴含的数学思想,探究自然现象所蕴含的数学规律,逐步形成理性精神。

三、在解决问题中赏"节气"之彩

节气中蕴含的学科知识并非如人为划分的语文、数学学科那样界限清晰,是一个具有丰富精神内涵和人文科学价值的节日系统。通过数学的语言,描述二十四节气中的数量关系与空间形式,形成数学的表达与交流能力,形成跨学科的应用意识是本节课关注的重点。

本次主题活动出示一道综合性课堂作业:根据 2 月 4 日立春推断 6 月 6 日是什么节气。学生需要根据节气的排列以及年、月、日的知识去解决,形成跨学科的应用意识。同时,在用所学知识解决实际问题的过程中,进一步加深对二十四节气中蕴含的数学知识的理解。在主题活动的最后,教师引导学生去思考还可以从哪些角度研究二十四节气,鼓励学生主动认识自然、遵循自然节奏、在自然中实践,实现从教师教书育人到学生自觉成长的转变。

土圭之法（3）——"立竿见影"观测活动

🔍【教学目标】

（1）通过自制简易日晷,探索影子方向与长短变化和太阳照射位置与方向的关系,掌握测日影的方法,培养学生的应用意识。

（2）通过户外进行实地探测,记录一段时间内影长的变化,交流与比较数据,探索日影变化的规律。

（3）在活动中获得亲身参与实践的积极体验与丰富经验,激发学生探究自然的兴趣,增强科学探索意识和团队协作精神。懂得尊重自然、利用自然现象解决问题。

🔍【教学准备】

一张硬纸板剪一个圆盘,在圆盘中间粘上一块橡皮泥,把一根小棒竖直插在橡皮泥上（见图 1-1）,再把它放在太阳能照到的地方,如阳台、窗台等。

（1）在星期六（有太阳）的上午 8 时开始到下午 3 时,每隔一个小时标出小棒影子的位置,并记录相应的时间。

（2）在第二天的上午 8 时开始到下午 3 时,任选一个时间,看看小

图 1-1　简易日晷

棒影子的位置,再根据影子的位置估计出此时的时间。

🔍【教学过程】

一、手电筒模拟实验

师:我们的祖先早在春秋时期就利用土圭之法测量太阳的影子,来确定日夜、节气的变化。为什么立竿测影那么神奇? 它究竟给人们带来了什么巨大的发现呢? 今天这节课,我们就一起来研究。如果把手电筒比作太阳,照射这根小棒,会出现影子。如果变换手电筒的照射位置,又会出现什么变化?

生:影子的方向、长短都会发生变化。

1. 影子方向、长短的变化与什么有关?

师:影子方向、长短的变化可能与手电筒的什么有关系?

生:手电筒照射的方向与高度。

师:以小组为单位,一位同学改变照射的方向和高度,其他同学观察小棒的影子有什么变化。

生1:影子出现的方向总是和光照方向相反。

生2:手电筒位置越高,影子越短;位置越低,影子越长。

生3:小棒离手电筒越近,影子越短;小棒离手电筒越远,影子越长。

生4:手电筒在小棒的正上方,影子会不见。

师:太阳在天空的位置变化轨迹呈半圆形。我们让手电筒模拟太阳的轨迹,太阳东升西落,它的位置变化对物体的影子有什么影响?

生1:太阳刚升起时,小棒的影子最长;太阳升高,影子越来越短;当太阳在小棒正上方时,影子几乎不见了;太阳落下,影子越来越长。

生2:影子的方向和太阳光照的方向总是相反。

2. 阳光下小棒影子的长短与太阳位置有什么关系?

视频呈现影子变化过程。

师:小棒的影子是如何变化的? 影子的方向与太阳的位置有什么关系?

生1:影子的方向与太阳的位置相反,影子按顺时针方向走。

生2:早晚小棒影子最长,说明早晚太阳高度小;中午小棒影子短,说明中午太阳高度最大。

生3:太阳刚从东方升起时,小棒的影子最长,在小棒的西侧;随着太阳的升高,影子会越来越短,并逐渐向西北移动;在中午时分,影子最短,朝向北方;然后太阳向西方落下,影子越来越长,朝向东方。

师:我们的发现对日常生活有什么帮助呢?

生1:可以根据阳光下物体影子的变化确定时间。

生2:根据影子的长度和位置就可以确定时间了。

生3:我觉得这样确定时间并不是非常准确。

师:古人早就注意到太阳的移动与阳光下物体影子的变化有关系,而且这种变化是有规律的。著名的科学家牛顿,小时候就曾利用阳光下影子的变化规律做过一个太阳钟。我国古代的劳动人民制造出了更加准确的计时工具——日晷。

二、动手实践——制作日晷

1. 制作日晷

同桌合作制作简易日晷。

交流：在制作过程中遇到了哪些问题？是如何解决的？

2. 户外探测

活动地点：操场。

摆放：将日晷晷面坐南朝北摆放。

要求：四人小组，每隔10分钟记录一次小棒的长度,记录6次。

时　间						
影子长度/cm						

3. 活动交流

师：观察小组记录的影长记录,你发现随着时间的变化,影子发生了什么样的变化？

生：影子的方向在变,长度也在变。

师：今天我们只是测量了一个时间段的影长就有所发现,如果长期坚持不懈地测量会怎样？

生 1：测得的数据越多,就越容易发现规律。

生 2：只有坚持不懈地测量,找到规律、减小误差,才能提高准确性。

师：我们的祖先就是通过长期坚持测日影,发现了影子长短的变化规律,还据此确立了冬至、夏至、春分和秋分等节气。祖先们在长期的测量中,根据发现的问题,又对日晷做了进一步的改进。依晷面所放位置、摆放角度、使用地区的不同,细分为地平式、赤道式、子午式、卯酉式、立晷等多种,应用范围也不尽相同。元朝时期,忽必烈下诏,命郭守敬组织天文测量,在全国设 27 个观测点一同测日影,历经 4 年,取得了精确的数据,推算出了一个回归年的长度。忽必烈按"敬授民时"的古语将其成果命名为《授时历》,感兴趣的同学可以做进一步的研究。

[本主题活动由南京市陶行知学校(小学部)卜俊老师执教]

🔍【分析点评】

综合与实践活动应注重学习方式的有效性,通过设置基于真实情境的多元实践活动,克服学习方式表层化的局限,增强实践的深刻性与灵活性,切实引导学生通过多样的实践过程获得能力的发展与核心素养的提升。

一、设置真实情境,体现实践的深刻性

真实情境是深化"实践性"的保证,如果缺少真实情境,综合与实践活动就会沦为一种形式化的实践。引导学生在真实情境中进行问题探索、互动交流,并给予方法指导与技术支持,能够优化学习历程与体验,促使学生在具身体验中发现与提出问题,在真实的教育情境中分析与解决问题,从而体现实践的深刻性。

本次活动设计了两次实地观测,一次在课前,让学生用简易工具每隔一个小时标出小棒影子的位置,并记录相应的时间,发现日影在发生变化,初步感受日影变化存在着一定的规

律。一次在课上,借助同桌合作的简易日晷进行户外观测,并根据观测结果进行全班交流,探索时间的变化引起影子发生了怎样的变化。相比于学科知识的教学,综合与实践活动更关注学生的学习历程与学习体验。结合研究主题的内容特征,开展基于真实情境的实地探测与问题思考,有利于学生核心素养在真实的探索历程中自然地生长。

二、兼顾形式多样,增强实践的灵活性

实践活动应该尽量形式多样、因地制宜。激发学生的生活实践经验、开展小组合作活动、实地观测、动手操作、收集与分析数据等都是"实践性"的具体体现。通过灵活多样的实践形式,培养学生的学习兴趣,在乐学、善学的氛围中提升学生运用数学知识解释生活现象、解决实际问题的能力。

在本次活动中,通过制作简易日晷记录影子方向、实地测定一定时间段影子长短等实践活动和借助手电筒进行的模拟实践活动,让全体学生经历实验过程、分析记录结果和交流反思,初步体验影子的变化与光源的位置关系。接着,通过动手制作日晷与实际户外探测,让学生从课本中走出来,深入探究影子的变化规律,感受到只要坚持不懈地测量,认真地对比与反思,就能找到一定的规律,从而切实培养学生的实践能力与解决问题的能力,切身体会古人的智慧。

【案例分析】

著名教育家杜威认为:"个体要获得真知,就必须在活动中体验、尝试、改造,必须去做,充分体现在实践中体验,在体验中发展。"综合与实践活动的实践性体现在学生将面对现实的背景,经历实地观测、测量记录的实践过程,培养学生用实践验证猜想的意识,以及动手解决实际问题的能力,养成在实践中验证猜想、加深理解的习惯。

一、面向生活实践,丰富活动资源

实践性是数学综合与实践课程的显著特征,实践又是学生学习与发展的主要方法与路径。生活中蕴藏着很多有价值的实际问题,只要善于观察和发现,生活中的现象与问题都可以成为综合与实践活动的资源,为学生提供丰富的实践素材。教师可以面向生活实践,从生活中收集学习的素材,不断丰富课程资源。

四季交替、日影更迭的问题都是学生在日常生活中能够感受到的自然现象。"土圭之法"设计了一系列实践活动,帮助学生针对主题开展实践,学生通过自主探究、动脑思考、实地观测、动手实践,对四季与日影的变化规律有了更深入的思考。本次活动让学生回归生活,在生活中研究与实践,有效地提高了学生的学习兴趣与能力。

只要做一个有心人,留心观察生活实践中的每一个细节,就一定能够为数学综合与实践活动带来更加丰富的实践性课程资源。

二、重视学生主体,优化实践探索

学生的学习应该是一个主动的过程,学生是学习的主体,教师是学习的组织者、引导者与合作者。因此,综合与实践活动应围绕学生展开,尊重学生在探究过程中的主体地位。比如在实践的过程中,教师应当提供充分的素材,与学生共同展开研究过程。当学生在研究中遇到困难时,教师应尽量避免越位,因为过于追求结果会剥夺学生试误的权利。相反,教师应该智慧地鼓励学生运用数学知识及其他学科的知识去观察、分析、比较与思考。只有时刻注重学生的主体地位,才能有效地通过综合与实践活动发展学生的核心素养。

另一方面,在实践探索中,随着每一次活动的不断展开,学生在解决实际问题的过程中会不断产生新的目标和新的问题。教师如果能机智地把握住有价值的生成性问题,学生的体验将会不断加深,创造性的火花也将不断迸发。在本次活动中,教师无法完全预设学生的所有想法,对于日影规律的问题,学生很有可能迸发自己独特的思考,超出教师预设的环节。日晷本身就是在不同意见的交融中逐步发展的。因此,当学生持不同意见时,教师不急于打断学生,而是用实验的方法进行验证,反而能让学生学会主动学习,养成用事实说话的习惯。

三、关注实践过程,发展综合能力

在实践过程中,教学的目标不再是单一的知识,教师不需要特别关注学生是否掌握了某个具体的知识,而是应该鼓励学生参与实践活动,在实践中发现问题、提出问题、分析问题和解决问题。比如,当教师要求学生观察一天中日影变化的规律时,大部分学生的研究结果可能非常稚嫩,教师充分肯定学生的观察结果,引导学生联系之前的模拟测量与实地观测,组织充分的交流以进行思维碰撞。在汇报时,相比于学生发现了什么规律,更重要的是学生能说清楚是如何发现的,又是如何验证的。通过之前的知识积累和观测经验,学生在多元化的环境中学会了思考问题和解决问题,就已经基本完成了主题活动学习的任务。同时,在这样一个合作、探索、充满肯定的氛围之中,学生的创新意识在不断地被唤醒。

第二章
数学综合与实践活动内容的开发

第一节 融入知识学习的主题活动内容开发

《义务教育数学课程标准(2022年版)》相关内容：

综合与实践主要包括主题活动和项目学习等，第一、第二、第三学段主要采用主题式学习，第三学段可适当采用项目式学习。

主题活动分为两类：第一类，融入数学知识学习的主题活动。在这类活动中，学生将学习和理解数学知识，感悟知识的意义，主要涉及量、方向与位置、负数等知识的学习。第二类，……

与以往课程标准相比，2022年版课标第一次将部分数学知识学习从"数与代数""图形与几何"领域调整到"综合与实践"领域，极大地颠覆了教育工作者对这一领域的原有认知，这是对《义务教育课程方案(2022年版)》提出的"变革育人方式，突出实践"的回应，突出"做中学""用中学""创中学"，同时也是对未来教学的一种向往。

我们所向往的未来教学的样态，CCTV-10科教频道播出的《跟着书本去旅行》节目给出了理想中的范本：当学习一篇和某地相关的课文时，学生可以去实地考察，了解当地的风土人情、环境风貌，将自己置身于现实情境中，随着作者的思绪一起真切地体会当时的情景，深刻领悟文章的意境，获得的感受和体验远比坐在教室里学习课文多得多。数学教学也是如此，如果学生在真实情境中遇到了一个真实问题，在解决这一问题的过程中，学生获得了其中蕴含的数学知识与方法，感受到数学的魅力，那么这样的学习比坐在教室中看屏幕、看黑板、做题目有意义得多。这应该是未来教学的样子。

要实现未来教学的样子，我们从现在起就要迈出探索与实践的步伐，当然一开始步子可以小一点。2022年版课标设置了7个融入数学知识学习的主题活动，分别是欢乐购物街，时间在哪里，我的教室，年、月、日的秘密，曹冲称象的故事，寻找"宝藏"，如何表达具有相反意义的量，融入的具体数学知识详见表2-1。从表中可以看出融入的这些数学知识集中在认识方向和常见的量(人民币单位、时间单位、质量单位)上，这些内容本身和生活息息相关，学生在生活中已经积累了较为丰富的经验。例如对时间单位的认识，从上幼儿园起就有作息时间表，帮助儿童逐渐对一天的时间安排做到心中有数；通过平时的规定

（如每次看动画片不能超过 20 分钟、一堂课 40 分钟、课间休息 10 分钟等），学生对时间的感悟逐步加深；此外，经历过的大大小小的节日也涉及年、月、日的相关知识；等等。可见，学生在学习这些内容之前，头脑中已经有了一定的认知。另外，这些内容本身重在应用，学生对这部分内容的深入学习也应该在应用知识的过程中进行。因此，综合与实践领域融入数学新知识，一方面，这些知识更适宜使用实践的、探究的、操作的方式展开学习；另一方面，相对于其他数学知识而言，这些知识有一个共同的特征，就是"从生活中来，到生活中去"。[①]

表 2-1 2022 年版课标中融入数学知识学习的主题活动

学　　段	主题活动	数　学　知　识
第一学段	欢乐购物街	认识人民币，能进行简单的单位换算
第一学段	时间在哪里	认识时、分、秒，体会并述说时间的长短
第一学段	我的教室	会用上、下、左、右、前、后描述物体的相对位置；认识东、南、西、北 4 个方向
第二学段	年、月、日的秘密	知道 24 时记时法；认识年、月、日，知道它们之间的关系；能运用年、月、日的知识解释生活中的问题
第二学段	曹冲称象的故事	认识克、千克、吨，以及它们之间的关系，感受等量的等量相等
第二学段	寻找"宝藏"	认识东北、西北、东南、西南 4 个方向，了解"几点钟"方向，会描绘物体所在的方向
第三学段	如何表达具有相反意义的量	了解具有相反意义的数量，知道负数在情境中表达的具体意义，感悟负数可以表达与正数意义相反的量

　　原本在教学这些内容时，教师已十分重视设计丰富的活动让学生体验，如体验 1 分钟有多长、1 千克有多重等，学生在动手操作的过程中初步形成量感。如今将这部分内容纳入综合与实践领域，我们要做出怎样的改变来应对呢？首先在思想上要跳出知识教学的禁锢，更加重视体验应用；其次要精心设计实践活动，让学生在体验中学习；最后再合理规划时间安排，组织活动实施。

❀　　　　　　　　　　　　　**案例 1 欢乐购物街**　　　　　　　　　　　　　◆

🔍 **【导读】**

　　"欢乐购物街"是第一学段中融入数学知识学习的综合与实践主题活动。《义务教育数学课程标准（2022 年版）》附录 1 中的例 48 对此主题活动做了如下说明：基于生活经验，让学

---

① 王艳玲. 如何理解新课标中"综合与实践"领域的变化——马云鹏教授、吴正宪老师访谈录（十）[J]. 小学教学（数学），
2022（12）：13 - 17.

生回顾看到过的和经历过的购物过程,教师设计购物活动,帮助学生在这样的活动中认识并会使用人民币,体会货币单位的换算,加深对加减运算的理解,形成初步的量感。同时,帮助学生感受货币的作用、商品与货币的关系,形成初步的金融素养。

在过去的教学中,我们大多把教学的重心放在认识人民币和单位换算上,强调购物问题中的数量关系,指向的是学生能正确解题。如何"帮助学生感受货币的作用、商品与货币的关系,形成初步的金融素养"呢?这需要教师收集、介绍相关素材,帮助学生理解货币的作用;设计购物活动,帮助学生在活动中认识并会使用人民币,体会货币单位的换算,加深对加减运算的理解;推荐阅读相关书籍,帮助学生形成初步的金融素养。本主题活动具体安排如表2-2所示,下面将重点介绍第一、第二课时的教学过程,突出在活动中学习新知。

表2-2 "欢乐购物街"活动安排

主题活动	时间安排	主 要 内 容	目 标
欢乐购物街	第一课时	初步了解货币文化,认识"元"做单位的人民币	认识人民币,初步建立量感;感受货币的作用
	第二课时	认识1元以内的人民币以及元、角、分之间的关系	认识人民币,体会货币单位的换算,初步建立量感
	灵活安排	义卖活动	会使用人民币;感受商品与货币的关系;加深对加减运算的理解,形成初步的金融素养

欢乐购物街(1)

【教学目标】

(1)通过观看货币发展史了解货币的由来,知道我国的货币叫人民币。

(2)通过回顾看到过的和经历过的购物过程,在教师设计的购物活动中认识以"元"做单位的人民币,形成初步的量感。

(3)在活动中感受货币的作用以及商品与货币的关系,形成初步的金融素养。

【教学准备】

课件,"元"做单位的人民币学具。

【教学过程】

一、介绍货币发展史,引入课题

师:小朋友们,你们去过超市或商场买过东西吗?买东西要用到钱,你知道钱是怎么产生的吗?我们使用的钱又叫什么呢?请看视频。

视频介绍：

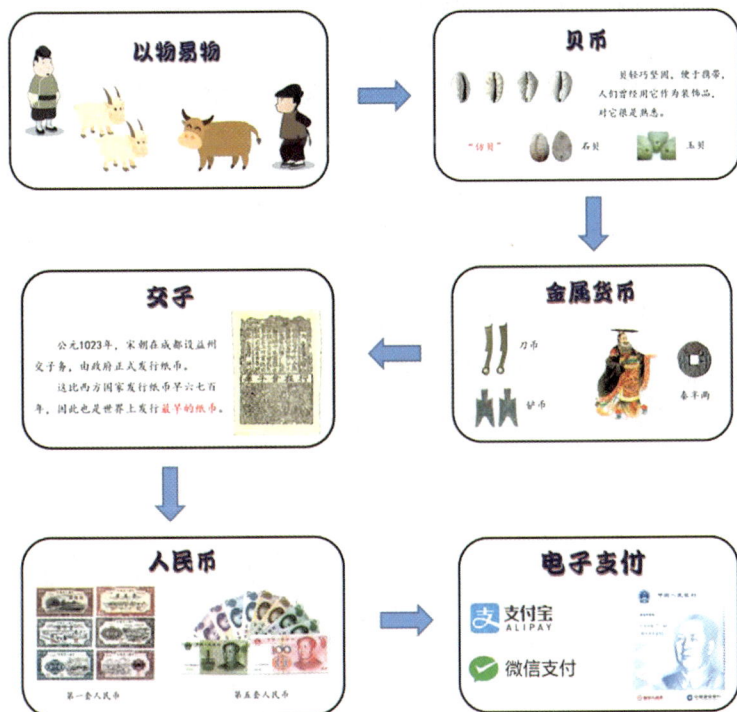

师：看了这个视频，你了解到什么？有什么想法？

生1：我知道很久以前贝壳就相当于现在的钱。

生2：我知道秦始皇统一六国后统一了货币，叫"秦半两"。

生3：我知道宋朝出现了纸币，叫"交子"。

生4：我知道我们国家的钱叫人民币。

师：大家想一想，为什么货币从古至今会发生这么大的变化？

生：为了方便携带和使用。

师：这些货币在每个时代都有自己的价值，为了便于人们使用，货币从贝币发展到金属货币再到交子，最后到现在我们使用的钱，还出现了数字货币。越来越普遍的电子支付，使我们的生活变得更加便捷了。小朋友们，你们知道我国使用的钱叫什么吗？

明确：人民币。

师：每个国家的钱都有自己的名称，价值也不同。我们国家的钱叫人民币。要想在购物时正确使用人民币，先得认识它们，下面我们一起来认一认。

二、模拟购物活动，认识和学会使用"元"做单位的人民币

师：回想一下和大人一起购物时付钱的情景，你认识这些常用的人民币吗？请拿出准备好的人民币学具，同桌互相认一认、说一说。

同桌活动并向全班介绍。

师：这些人民币分别是1元、5元、10元、20元、50元、100元，"元"是人民币的单位，它和前面的数合在一起，就代表这张人民币的面值。你们对哪些面值的人民币比较熟悉？

生1:我对 100 元最熟悉,过年拿红包,里面装的就是 100 元的钱。

生2:我对 20 元熟悉,我用它买过笔袋。

生3:我对 1 元很熟悉,可以买一根棒棒糖。

师:小朋友们对其中的一些人民币还是比较熟悉的。这是超市里的文具专柜,我们一起来当营业员和顾客,模拟买东西和卖东西,好吗?

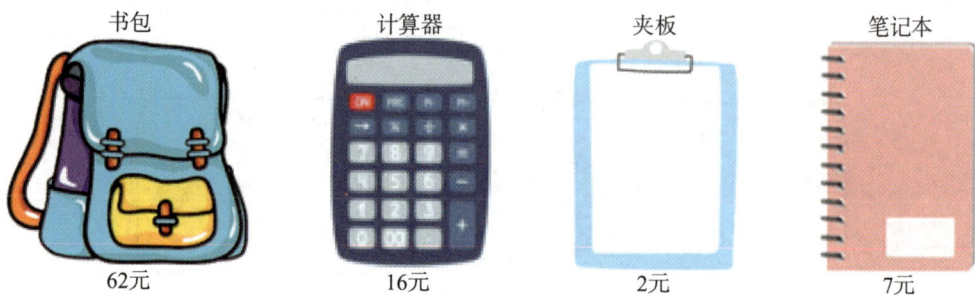

书包	计算器	夹板	笔记本
62元	16元	2元	7元

要求:小组分工,每人轮流当一次营业员,一位顾客买东西,用人民币学具模拟付钱和找钱。

学生活动。

师:谁来介绍刚才你买了什么?怎么付钱的?

生:我买了一个书包,付了 1 张 50 元、1 张 10 元和 2 张 1 元。

师:你正好付了 62 元。还有哪些同学刚才也买了书包?有付钱方式和他不一样的吗?

生:我买书包付了 1 张 50 元和 1 张 20 元,营业员找我 8 元。

师:我们采访一下那位营业员,请问当时你是怎么想的?怎么做的?

生:他付了 1 张 50 元和 1 张 20 元,一共是 70 元,70-62=8(元)。

师:这个书包的价格是 62 元,因此要把顾客付的钱中比 62 多的部分还给他,称为找钱。还有哪些同学当营业员时也找钱了?和大家分享一下。

学生介绍。

师:通过自己当营业员和听大家的介绍,你能说说怎样算找的钱吗?

生:用付的钱减去商品的价格就是要找的钱。

师:是的,如果付的钱刚好等于商品的价格,就不需要找钱;如果付的钱比商品的价格多,多出的部分就是要找的钱,因此,付的钱—商品价格=找的钱。想一想,买这些东西怎样付钱就不需要找钱呢?和同桌互相说一说。

明确:付的钱刚好等于商品价格时不需要找钱。

三、活动反思,拓展延伸

师:在刚刚的模拟购物活动中,你有什么体会?

生1:买东西要用到钱。

生2:我们要认识这些钱才能付钱买东西。

生3:如果买东西时带的不是正好的钱,可以付多一点钱,让营业员找钱。

师:说到这儿,有个小故事和大家分享。曾经有一位老师去美国学习,其间他去一家超市买东西,东西的价格是 6 美元,你猜他怎么付钱?他付了 1 张 10 美元和 1 张 1 美元,你知道他的想法吗？

生：他付 11 美元，想营业员找他 1 张 5 美元。

师：是的，他的想法和你一样，不过营业员没明白，她一脸疑惑，坚持把 1 美元先退还给那位老师，只收下 10 美元，再找给他 4 美元。听到这儿，你有什么想法？

生：营业员还是找了他 5 美元，只不过不是 1 张 5 美元，而是 5 张 1 美元。

师：其实营业员只要把握住我们刚刚说的"付的钱－商品价格＝找的钱"，就能算出如果付 11 美元，减去商品的价格 6 美元，那么要找 5 美元，这样就能理解那位老师的意思了。

四、布置课后任务

师：刚刚我们小组模拟购物，体验了顾客买东西和营业员卖东西。周末请大家去逛超市，有两个任务：一是观察商品的价格标签，了解大致的价格。用人民币买一件商品，不要超过 20 元，买之前想想自己可以怎么付钱，营业员要不要找钱、怎么找钱，并拍摄照片。二是选择一件物品，将价格标签拍照或模仿着画下来，周末发到班级群。

【分析点评】

一、利用货币发展史料，丰富学生对货币的认知

虽然我们每天都需要用到钱，但学生对这方面的内容却知之甚少。钱是怎么产生的？古时候使用的钱和我们现在使用的钱一样吗？我们国家现在使用的钱叫什么？这些都是学生感兴趣、想知道的问题。在进行认识人民币活动之前，教师为学生介绍货币发展史，呈现了货币的主要发展历程，突出社会生产发展对货币发展的推动作用。学生了解了货币发展的历史，认识到货币的价值，体会到人们的需求不断变化导致货币也在跟着演变，由此能够认识和接受货币未来可能出现的变化，初步培养学生用发展的眼光看待事物。

二、结合虚拟购物活动，帮助学生认识并使用人民币

由于现在的家长已习惯为孩子准备好一切，再加上电子支付的盛行，学生可能除了过新年领红包时能见到钱外，平时很少能接触到钱，大部分学生没见过或不认识人民币。因此，在这个主题活动中安排了先认识常用的、比较简单的"元"做单位的人民币，虽然对学生而言比较陌生，但只要找到人民币上的数字和单位就能知道这张人民币是多少钱，而这也是判断人民币面值的方法。在模拟购物活动中，教师提供了 4 件商品，并精心设计了价格，分别是 100 元以内、20 元以内、10 元以内和 5 元以内，学生在买不同的东西时要使用不同面值的钱付款。付钱的过程也是进一步认识人民币的过程，在此活动中，学生进一步熟悉人民币，同时能正确使用人民币，通过比较同一种商品不同的付钱方法，体会到付钱方法不唯一以及付的钱、商品价格和找的钱之间的数量关系。

三、通过活动反思交流，促进学生初步形成金融素养

活动后的反思必不可少，通过教师提问"在刚刚的模拟购物活动中，你有什么体会"，帮助学生回顾活动过程，总结获得的经验。从学生的交流中可以看出学生体会到货币的价值；对人民币有一定的认识，初步建立量感；加深了对加减运算的理解。教师最后讲述的国外购物的故事，将教学目标从正确使用钱币提升到灵活使用钱币的高度。虽然故事中的现象在我们身边随处可见，但学生缺乏此类经验，通过教师的讲述、自己的思考和全班的交流，感受买东西付钱时还可以灵活使用钱币，初步形成金融素养。

欢乐购物街（2）

【教学目标】

（1）通过经历真实的购物活动，知道生活中的价格标签表示多少钱，加深对加减运算的理解。

（2）通过交流认识 1 元以内的人民币，体会人民币单位的换算，形成初步的量感。

（3）在活动中进一步感受货币的作用以及商品与货币的关系，形成初步的金融素养。

【教学准备】

课件，1 元以内的人民币学具。

【教学过程】

一、回顾购物经历，认识商品价格

师：今天我们将再次走进"欢乐购物街"。课前，老师布置大家观察自己想买的物品的价格标签，并拍照或回家模仿着画下来。小朋友们都做得特别棒！我们一起来看这几位小朋友的作品。

出示：

师：这张照片里的商品是什么？这个价格和我们上节课里看到的不一样，你会读吗？表示多少钱？

生：价格是 3.00 元，表示 3 元。

出示：

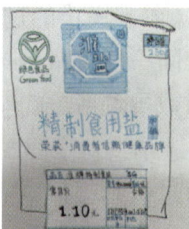

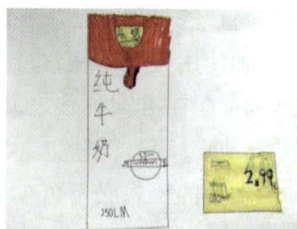

师：这些商品的价格大家认识吗？

生1：苏果超市的塑料袋，价格是 0.60 元，表示的是 6 角。

生2：精制食用盐，价格是 1.20 元，表示的是 1 元 2 角。

生3：纯牛奶的价格是 2.99 元，表示 2 元 9 角 9 分。

师：这么复杂的价格标签都难不倒你们。请大家再看这4幅作品,选择一件商品,和你的同桌说一说这件商品的标价表示多少钱。

同桌交流,学生依次汇报。

师：生活中商品的标价经常会用这样的小数表示。这个点叫作小数点,小数点前面的部分表示多少元,小数点后第一位表示多少角,小数点后第二位表示多少分。

元　角　分
3. 0　0 元
0. 6　0 元
1. 2　0 元
2. 9　9 元

二、认识1元以内的人民币

师：角和分也是人民币的单位,下面我们一起来认识角和分做单位的人民币。先同桌互相认一认、说一说,再向全班介绍。

生：这是1角的人民币,这是5角的人民币。

师：你是怎么知道的?

生：我看了上面的数字,数字后面还有"角"。

师：是的,和之前一样,我们通过观察人民币上的数字和单位,就可以知道它们各是多少钱了。还有同学发现人民币上的图案和颜色也能帮我们判断。

出示:

师：这两个都是5角,有什么不一样?

生：一个是硬币,一个是纸币。

师：是的,它们的材质不一样,但面值是一样的,都是5角。

学生继续介绍1分、2分和5分。

师：元、角、分都是人民币的单位。

三、在模拟购物活动中正确使用人民币,体会人民币单位之间的关系

师:认识了这些人民币,我们就可以去购买自己心仪的物品了。如果要买这个购物袋,你会怎样付钱?

生1:0.60元是6角钱,1个5角加1个1角就是6角。

生2:我也是付1个5角和1个1角,但用的是纸币。

生3:我付6个1角钱,也是6角。

师:这几位同学付的钱虽然材质不同,但面值是一样的,都刚好是6角钱。如果我身上没有1角的零钱,怎么办呢?

生4:可以付1元,找4角钱。

师:你不仅会付钱,还知道了怎么找钱。为什么要找4角钱?元和角到底有什么关系?下面我们一起来看一看。先看这儿的6个1角,继续添上3个1角就是9角,再添上1角就是?

生:10角。

师:你知道10角是多少钱吗?是的,10角就是1元,我们可以把这儿10个1角的人民币换成1个1元的人民币。1元就等于10角,所以刚刚那位同学说,付1元找回4角。

出示:

师:现在请你买一袋1.10元的盐,你会怎样付钱?

展示学生方法,教师根据学生回答圈出10角,并标上1元。

师:这4种付款方式虽然不同,但都是1元1角。你们更喜欢哪一种?生活中我们在付款时,一般会选择更加简单的方式。如果买这盒牛奶2.99元,你会怎样付钱?

生1：付2个1元、9个1角、9个9分。

生2：付2个1元、1个5角、4个1角、1个5分、4个1分。

师：两位同学都刚好付了2元9角9分，还有更简单的付款方式吗？

生：付3元钱，找1分钱。

师：看来这位同学已经掌握了分和其他两个单位之间的关系。猜一猜，分和角有什么关系？

生：1角＝10分。

出示：

师：你们知道1元等于多少分吗？让我们一起来数一数。1元＝100分，分是最小的人民币单位。

出示：

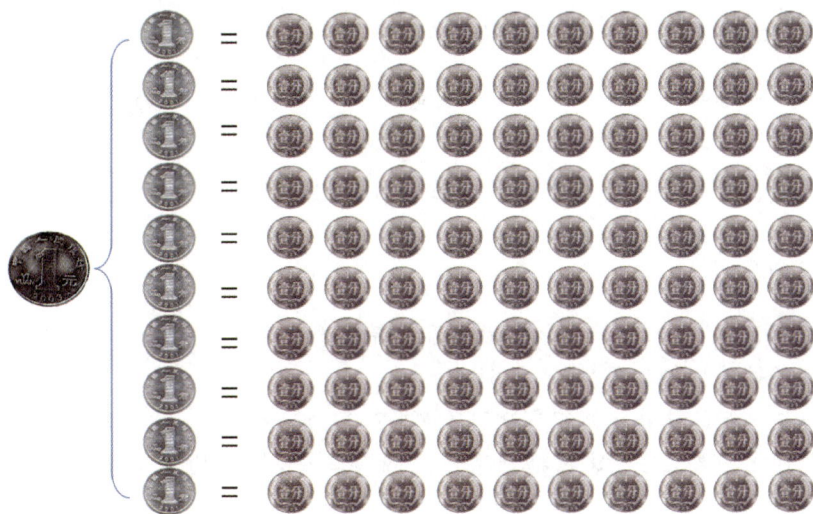

师：像刚刚那位同学说的，如果付3元，要找1分钱。可是小朋友们，随着经济的发展，分币在市面上已经不怎么流通了。人们又是怎样支付的呢？随着时代的发展，科技越来越发达，而我们的付款方式也越来越多样，目前电子支付让我们的生活越来越便捷。

出示：

师：这里有一个比较特别的价格标签,和之前的相比有什么变化?

生：7.9比7.90少了个0。

师：7.90元是7元9角0分,0分可以不说,这个0也可以省略不写。所以在生活中,我们也可以把7.90元简写成7.9元,仍然表示7元9角。像黑板上的1.10元和3.00元可以怎么简写?

生：1.10元可以写成1.1元,3.00元可以写成3元。

师：这样简写仍然可以表示1元1角和3元。

四、在具体情境中深入理解人民币单位间的关系

师：今年春节,老师的奶奶在群里给老师和我的姐妹共3人先发了一个10元的小红包。可老师抢得很少,只抢了9(   )8(   ),猜猜看我抢了多少钱?

生：我猜是9角8分。因为老师抢得特别少,如果是9元8角就快到10元了。

出示:

老师　　　　　　姐姐　　　　　　妹妹

师：有道理,9角8分还不到1元,看看谁抢得最多?是多少?

生：老师的妹妹抢得最多,抢了4.61元。

师：你知道老师的妹妹比姐姐多抢了多少吗?怎么想的?

生：多抢了2角钱,因为妹妹抢到了4元6角1分,姐姐抢到了4元4角1分,相差2角钱。

五、活动反思与评价

师：今天我们研究了商品标签,认识了角和分做单位的人民币,知道1元＝10角,1角＝10分。你觉得在今天的活动中哪里做得比较好?哪里还需要努力?有什么收获和体会与大家分享?

学生交流,互相评价。

(本主题活动由南京致远外国语小学桑坤老师、南京师范大学附属中学新城小学徐舒老师执教)

🔍【分析点评】

一、创设真实情境,认识商品价格标签

生活中商品的价格大多呈现为小数形式,虽然这些价格标签随处可见,但并没有引起学生的关注和思考。学生要了解这些价格标签表示多少钱,有一定的困难。因此,教师在课前

布置学生去超市了解商品价格,拍摄或制作一件商品的价格标签,学生在完成任务的过程中,通过观察、向家长请教等对此有所了解;课上利用学生提供的真实素材,将学生原先对价格标签模糊的、零散的认识通过师生交流予以明确,又通过精巧的板书设计进行总结提升:小数点前面的部分表示多少元,小数点后第一位表示多少角,小数点后第二位表示多少分。

二、组织操作交流,认识 1 元以内的人民币

认识角和分做单位的人民币,比认识元做单位的人民币学习起来难度更大。一是因为角和分做单位的人民币平时用得不多,分币和角币已不怎么流通,对学生而言更加陌生;二是因为角和分做单位的人民币有两种材质,学生要认识的人民币数量更多。教师在教学时抓住学生认识元做单位的人民币的经验,只要看数字和单位就能知道面值,当然通过钱币的图案和颜色来判断也是辨别的方法之一。

三、利用信息技术,体会人民币单位之间的关系

人民币单位之间的关系也在付钱的过程中自然引出,并借助多媒体帮助学生加以理解巩固。通过买 6 角钱的购物袋付 1 元,找回 4 角,引出元和角之间的关系,边演示课件边说明 1 元＝10 角;通过买 2 元 9 角 9 分的牛奶付 3 元,找回 1 分,引出分和角、元之间的关系,学生根据 1 元＝10 角类推出 1 角＝10 分,再借助课件演示,明确 1 元＝100 分。学生看着屏幕上的 1 个 1 元、10 个 1 角和 100 个 1 分,不仅能直观感受到它们之间的关系,还深刻体会到元是最大的人民币单位,分是最小的人民币单位,初步建立量感。

四、精心设计练习,进一步发展量感

在练习环节,教师巧妙设计了抢红包的情境,通过“老师抢得很少,只抢了 9（　　　）8（　　　）”“谁抢得最多”“老师的妹妹比姐姐多抢了多少”这 3 个问题,使学生的量感得到进一步发展。学生在填单位的过程中体会到选择不同的单位会导致大小不同,9 元 8 角接近 10 元,而 9 角 8 分还不到 1 元,根据“老师抢得很少”这个条件,选择合适的单位名称,判断老师抢了 9 角 8 分。在解决老师的妹妹比姐姐多抢了多少钱的问题时,学生利用已掌握的价格标签中的小数每一位所对应的人民币单位,合理进行比较,再次感知量的大小关系,进一步发展量感。

欢乐购物街（3）

【教学目标】

(1) 通过筹备义卖活动,了解如何对商品进行定价。

(2) 通过开展义卖活动,促进对人民币的进一步认识,加深对加减运算的理解,感受货币的作用、商品和货币的关系,形成初步的金融素养。

(3) 通过反思义卖活动,积累相关活动经验,培养学生反思的意识。

【教学准备】

每位学生准备义卖商品、价格标签、总钱数为 20 元的人民币及广告牌等。

【教学过程】

一、筹备义卖活动

师: 通过前面的学习,我们认识了人民币,体验了超市购物。想不想用你们学到的知识

帮助贫困山区的孩子们？我们在学校里进行一场义卖活动，每人带一些商品来卖给同学，可以是文具、不玩的玩具、看过的书等，卖得的钱一起捐给贫困山区的孩子们，好吗？下面我们讨论一下，我们需要为这项活动做哪些准备。

围绕以下问题进行讨论：

（1）准备什么样的商品？怎样定价合适？

（2）活动时间定在什么时候合适？地点选哪里？

（3）有什么好办法能把自己带来的商品顺利地卖出去？

讨论得出：

（1）准备的商品价格不要太贵，不超过 10 元，每人带的钱不超过 20 元。

（2）时间定在周五午餐后，地点选择在教室门前走廊。

（3）可以学习超市中的促销活动，降价销售，也可以设计广告词吸引同学前来购买，还可以适当地吆喝叫卖等。

二、开展义卖活动

按照筹备的计划开展义卖活动，要求学生分别扮演顾客和营业员的角色，并邀请所有任课老师参加，时间 1 小时左右。

三、活动反思交流

围绕以下问题进行反思交流：

（1）在本次义卖活动中，你卖商品一共获得多少钱？自己花了多少钱？买到了哪几件商品？买到的最喜欢的商品是什么？

（2）活动过程中你是怎么付钱和找钱的？

（3）活动过程中有什么事情让你印象深刻？

四、总结延伸

师：钱除了用来交换商品，还有其他的用途吗？对于钱，你还了解哪些？感兴趣的同学可以课后阅读一些财商启蒙绘本，让自己了解得更多。

🔍**【案例分析】**

一、整体设计活动，灵活安排时间

融入知识学习的主题活动除了要组织学生开展实践活动，积累活动经验，同时还承担着新知学习的任务，并且新知学习是学生开展实践活动的前提和基础。因此，对于任何一个融入知识学习的主题活动，需要进行整体规划、合理安排。首先要让学生掌握相应的数学知识，具有一定的知识储备，学生在教师精心设计的活动中探索学习新知；在此基础上，师生共同筹备、开展、反思实践活动，获得丰富的数学活动经验，锻炼多方面能力，在深度理解运用数学知识的同时促进全面发展。

在"欢乐购物街"主题活动中，教师先安排 2 课时学习人民币的相关知识，为开展义卖活动做好准备，再灵活安排时间组织学生经历义卖活动的全过程。其中筹备活动在课堂上大约用 15 分钟进行讨论，学生再利用课后时间准备商品、价格标签和促销广告等；活动的开展利用午休时间进行，大约 1 小时；最后的活动反思环节在课堂上大约用 25 分钟进行交流。可见，主题活动在时间安排上较灵活，不局限于课堂的 40 分钟。

二、经历活动过程,初步建立量感

融入知识学习的主题活动教学的关键在于活动的设计。教师设计活动时需要明确活动的目的、挑选合适的活动素材、丰富活动的形式、精心组织活动的实施,引导学生积极主动地投入活动,在经历活动的过程中自主探索、学习新知、综合运用所学知识解决问题。

在"欢乐购物街"主题活动中,学生经历了模拟购物活动、义卖活动和真实的超市购物活动,其中模拟购物和义卖活动让学生从扮演顾客和营业员到成为真正的顾客和营业员,超市购物活动又让学生成为真实情境中的顾客。通过多种形式的活动,学生学习数学知识,初步建立量感。在模拟购物活动中,学生认识人民币,会使用人民币,体会人民币单位的换算;在义卖活动中,学生感受货币的作用及商品与货币的关系,正确使用人民币,同时加深对加减运算的理解;在真实的超市购物活动中,学生了解商品的价格,加深对人民币价值的认识,初步建立量感。

三、重视活动反思,积累活动经验

数学活动经验的积累既需要引导学生充分经历活动过程,也需要组织学生及时进行总结和反思,通过回顾活动、交流心得,让学生将操作经历上升为活动经验。因此,教师要有目的地引导学生经常反思、梳理自己或小组的思维过程、解决问题的过程,引导学生思考:我是怎样想的? 怎么做的? 是怎样想到的? 这样做对吗? 这样合理吗? 还有其他方法吗? 还有更好的方法吗? ⋯⋯让学生养成反思的习惯,通过反思获取经验[①]。

在"欢乐购物街"主题活动的第一课时中,教师组织学生讨论"在刚刚的模拟购物活动中,你有什么体会",学生认识到人民币的作用、加减运算之间的关系;在第二课时中,教师组织学生反思"在今天的活动中哪里做得比较好? 哪里还需要努力? 有什么收获和体会?",学生通过回顾,梳理人民币的相关知识,感受数学的应用价值;义卖活动结束后,教师更是用25分钟左右的时间组织学生围绕3个问题进行反思,回顾自己买卖商品的过程和觉得印象深刻的事,为今后的学习积累相关活动经验。

四、进行学科融合,提升综合素养

综合与实践领域的教学活动,强调学生在实际情境和真实问题中,运用数学与其他学科的知识与方法,经历发现问题、提出问题、分析问题、解决问题的过程[②]。这样的现实背景一定融合了多学科内容,学生解决这样的问题也一定需要调用多学科知识,因此,综合与实践领域中的主题活动学习和项目学习都是跨学科的。在跨学科学习中,学生的核心素养、实践能力等得到综合提升。

本案例中筹备、开展义卖活动的过程就是学生综合运用数学和其他学科的知识与方法解决问题的过程;给商品定价、买卖商品用到了数学中人民币的相关知识;为吸引顾客给商品设计广告词,用到了语文中的语言表达;要想给商品制作漂亮的价格标签、给自己的摊位设计诱人的促销广告牌,需要具有美术中的造型、色彩搭配、审美等多种能力;买卖商品时需要具有良好的与人沟通和交流的能力。通过此主题活动的开展,学生的量感、财商、语言表达能力、交往能力、设计能力、创新能力等都得到不同程度的锻炼和发展。

---

① 王艳玲. 小学数学新课标"综合与实践"主题活动的设计与实施[J]. 中小学班主任,2022(16):16-21.
② 中华人民共和国教育部. 义务教育数学课程标准(2022年版)[S]. 北京:北京师范大学出版社,2022:42.

案例 2 年、月、日的秘密

🔍【导读】

《义务教育数学课程标准（2022年版）》附录1中的例54对"年、月、日的秘密"主题活动做了如下说明：通过对现实世界时间的描述，进一步认识年、月、日这些"长"时间单位，感悟时间是对过程的度量。教师应基于学生的生活经验，帮助学生梳理对基础时间单位的认识，探索并理解年、月、日之间的关系，扩展对其他时间单位及历法的了解，感受生活中的应用。

以往教学中，"认识年、月、日"属于数与代数领域，知识点相对琐碎割裂，2022年版课标则把教学内容统一划分到综合与实践领域。由于学生已有一定的生活经验，零散地掌握了部分知识，因此，教师为了带领学生亲历系统学习，想学生所想，教学生所惑，需要进行主题活动设计，这与综合与实践的教学要求不谋而合。

教师通过收集科学素材，帮助学生理解年、月、日的形成，认识常见的时间概念；通过引入故事情境，掌握大月、小月的天数变化，体会闰年和平年的区别；引入真实问题，尝试运用所学知识解决问题，感受数学在生活中的应用。本主题活动具体安排如表2-3所示。

表2-3 "年、月、日的秘密"活动安排

主题活动	时间安排	主 要 内 容	目 标
年、月、日的秘密	第一课时	结合星象运动了解年、月、日的由来，探索月历，认识节日	初步感知年、月、日之间的关系，在梳理节日的过程中感受中国传统文化
	第二课时	认识大月和小月，加深对月、日的长度及关系的理解	认识并理解大月、小月的由来，进一步掌握年、月、日之间的关系
	第三课时	认识平年和闰年，拓展对其他时间单位的了解	认识并区分平年和闰年，感受生活中时间单位的应用，提高应用意识

年、月、日的秘密（1）——走进年、月、日

🔍【教学目标】

（1）通过观看科普视频了解年、月、日的由来，初步了解年、月、日之间的关系，感知数学与其他学科之间的联系。

（2）在学生已有的生活经验基础上，组织学生开展探究活动，在观察、比较、合作等活动中，初步了解农历，加深对年、月、日的认识，积累活动经验，感受中国传统文化。

（3）在活动中感受数学与生活的联系，激发学生的学习兴趣，初步培养学生的应用意识。

🔍**【教学准备】**

课件,台历,学习单。

🔍**【教学过程】**

一、激发兴趣,引入主题

出示:一年之计在于春,一日之计在于晨。

师: 这句话听过吗? 这句话告诉我们要——珍惜时间。提到时间,我们已经知道了哪些时间单位?

生: 时、分、秒。

师: 时间单位除了二年级认识的"时、分、秒",还有我们经常听到的"年、月、日"。课前,老师请大家完成了预习单。拿着预习单,请在小组内交流你填写的内容。

小组汇报。

小结: 大家对年、月、日都有一定的了解,有的同学知道一年有 12 个月,有的同学知道大月和小月,还有的同学提到了平年和闰年。对于年、月、日,大家似乎也有一些疑问。

出示:

我的疑问?

江同学:一年为什么是12个月,为什么每月的天数不同?

曹同学:为什么2月有时28天,有时又是29天?

邹同学:年、月、日是谁制定的?

李同学:什么是平年? 什么是闰年?

张同学:妈妈身份证上写的出生日期是6月11日,为什么她过农历生日却不在这一天? 农历、公历又是什么?

师: 大家都有一双发现问题的眼睛,看来年、月、日的知识中还藏着一些秘密,那就让我们带着这些疑问,一起走进年、月、日的秘密。

二、了解年、月、日的形成

出示:太阳、地球、月球的图片。

师: 图上画的是什么? 和年、月、日有什么关系呢?

生: 地球自转 1 圈是 1 日,月球绕地球转动 1 圈是 1 月,地球绕太阳转动 1 圈是 1 年。

结合学生发言动画演示。

师: 掌握了科学知识,还能帮助我们了解年、月、日的由来呢。

三、认识节日

师: 要想知道今天是几月几日,得怎么办? 台历可是我们学习的好伙伴,找到今天的日期,3月 14 日。你怎么找得这么快呀?

生: 我可以先找到 3 月份,再找到今天的 14 日。

师: 台历中也藏着知识,值得我们去学习,接下来就用身边的台历继续进行研究,看看台历上都有哪些信息。

小组活动、交流。

师：我们一起观察了台历，找到了许多组成部分，例如3月14日这样的日期，还有二月初一、二月初二这些我国特有的农历日期。农历以月亮圆缺变化的周期为依据，包含了我们熟悉的二十四节气，它体现了中国的优秀传统文化，只有在中国的台历上才能看到。而上面的数字其实是公历，这是一种全世界通用的历法，用来准确地表示出每天的日期。

师：台历可以提醒我们留意生活中许多重要的时刻。在一年之中肯定有你值得期待的日子，你最期待哪一天？

生1：我最期待我的生日，是10月28日。

生2：我喜欢儿童节，儿童节在6月1日。

师：今年6月1日是星期几？想想这一天我们会组织什么活动？

生2：今年6月1日是星期四，我猜可能会有联欢会，还会收到很多礼物。

生3：我最期待春节，今年春节是1月22日。

师：春节这天还可以说成——大年初一。今年的大年初一在1月22日，明年呢？明明都是大年初一，怎么日期不同呀？

生：因为春节是通过农历日期来确定的，是中国的传统节日。

师：你还知道我国的哪些传统节日？它们分别是几月几日？

学生找今年的中秋节、重阳节、端午节等传统节日分别是几月几日。

师：对我国来说，10月1日是一个重大的日子，你知道为什么吗？

出示图片：

1949年10月1日，中华人民共和国成立

师：1949年10月1日中华人民共和国成立，到哪一年刚好成立了100周年？

生：2049年。

师:到 2049 年你们大约多少岁？30 多岁了！到那时你们都成年了,正是为祖国繁荣富强而奋斗的大好时光,祖国的未来还要靠你们。作为老师,你们猜一猜,我最期待 9 月中的哪一天？

生:9 月 10 日教师节。

师:没错,作为老师能有自己的节日是一件很幸福的事情。像这样的节日还有许许多多,比如今天对喜爱数学的人来说就是一个特殊的日子,3 月 14 日是国际数学日,也称为 π 日。正是这些节日创造了我们生活中的美好瞬间。

四、回顾总结

师:今天的数学课很快就要结束了,和之前的课相比,有什么不同？

生 1:今天我们提出了许多问题,还尝试解决了一些问题。

生 2:课堂上有好多活动,我们还一起认识了台历和节日。

师:关于年、月、日的秘密,今天我们只了解了其中的一小部分,在后面的学习中,我们还将围绕这个主题继续研究。

【分析点评】

一、基于真实问题,开展研究活动

学习并非被动接受教师所传授的知识,而是学习者以自身已有的知识和经验为基础的主动建构过程。主题活动的设计必须以学生的学情为基础,年、月、日都是学生非常熟悉的时间单位,结合布置的前测性作业,可以发现部分学生已经知道了"一年有 12 个月""一年有 365 天或 366 天"等基础知识,但仍有部分学生所掌握的知识并不正确,另外还有许多学生对年、月、日的由来、制定,以及不同历法的使用都充满了好奇。教学源于生活,正是学生对生活中所见所闻的疑惑,引发了他们的认知需要和求知热情,激发学生自主探究的学习动机,同时,也奠定了本次主题活动的研究起点。

二、增强学科联系,凸显学科融合

不仅数学知识之间存在结构化的联系,数学与其他学科之间也有紧密关联。数学本就是沟通各个学科的通用语言,用数学的眼光去观察科学现象,学生更容易在实践中理解学科知识,积累活动经验。教师通过把科普视频引入课堂,用视频动画介绍年、月、日的由来,引导学生了解年、月、日与地球自转、月球绕地球公转、地球绕太阳公转的关系,甚至还可以通过地球绕太阳公转引出四季的产生。通过星象运动的普及,将数学知识与科学知识融会贯通,这样一来教学便充满活力气息,也有助于培养学生的应用意识与实践能力。

三、注重情感引导,弘扬传统文化

2022 年版课标提出要将"中华优秀传统文化"主题教育融入数学课程,凸显教育培根铸魂和启智增慧的作用。主题活动中,教师结合台历,介绍农历和公历,引导学生发现,原来常见的中国传统节日都是根据农历日期制定的,农历是我国特有的历法,是中国几千年来的文化缩影、历史积淀。课堂上,教师引导学生感受中国节日的重要性,传承我国优秀的传统文化,带领学生回忆日常生活中尊敬老人的"重阳节",祈求团圆的"中秋节",阖家欢乐的"春节"等传统佳节。本主题活动的设计加强数学与文化之间的联系,增强学生的民族自豪感,体现优秀传统文化的价值。

年、月、日的秘密（2）——认识大月和小月

🔍【教学目标】

（1）通过观察认识大月和小月，加深对月、日的长度及关系的理解。引入相关数学史，引导学生理解大月、小月的由来，探索年、月、日之间的关系。

（2）在学生已有的生活经验基础上，组织学生开展探究活动，亲历历法的演变过程，感受古代与现代时间单位的不同与联系。

（3）通过结合生活经验展开知识学习，激发学生的学习兴趣，感受数学与生活的联系。

🔍【教学准备】

课件，计算器，学习单。

🔍【教学过程】

一、明确每月天数

师：通过上节课的学习，我们知道一年有 365 天或者 366 天，还知道一年有 12 个月，下面我们一起来研究每个月的天数。课前每人选择一个年份，记录了每个月的天数，先在小组内交流每个月分别有多少天。

交流：1 月都有 31 天；2 月有的是 28 天，有的是 29 天；3 月都有 31 天……

汇总填表。

二、跟随史料，经历修改历法过程

师：其实一开始每月的天数并不是这样的，最早的时候，人们规定一年有 12 个月，每个月都是 30 天。算一算这时一年有多少天？你发现了什么问题？

生：12×30＝360（天），这样比 365 天少了 5 天。

师：你准备怎么加上去？

生：可以把这 5 天单独放在 5 个月里，每个月放一天。

师：好办法，可加在哪 5 个月呢？这里面还有一个有趣的故事，我们随着故事一起来修改历法吧。第一次历法改革发生在公元前 46 年的古罗马，凯撒大帝颁布了法令。我们来听一听凯撒大帝是怎么修订历法的吧。

音频 1：古罗马皇帝凯撒规定每年为 12 个月。他出生的月份是 7 月，是一个特别重要的月份，全国上下一起庆祝。为了不耽误农时，凯撒大帝决定在出生的月份多加一天，让 7 月变成 31 天。既然这样，干脆让所有的单数月都增加一天，即让 1 月、3 月、5 月、7 月、9 月、11 月都变成 31 天。

学生把单月改成 31 天。

师：现在，你又有什么发现吗？

生：一年就成了 366 天，多了 1 天。

师：这时，凯撒大帝灵机一动，2 月是帝国专门处死犯人的月份，大家都很讨厌这个月，希望 2 月赶紧过去，不如就让 2 月减少一天，改为 29 天吧。这样历法就修订好了。

学生把 2 月改成 29 天。

生：这还是和我们现在的天数不一样呀！

师：是呀，怎么回事呢？原来在凯撒大帝之后，又有一位君主对历法进行了改变。他叫奥古斯都，奥古斯都大帝出生在 8 月，在他继位成为君主之后，8 月也变成了一个非常重要的月份。你猜他会怎么改呢？

生：我猜他也会在 8 月里加上 1 天。

音频 2：奥古斯都继承了王位，他自己是 8 月出生的，他想自己出生的月份怎么可以比其他月份少一天呢？为了表明和之前皇帝地位相等，他强制性把 8 月也改为 31 天。

师：所以 8 月就多了一天，多的这一天再从 2 月里拿走，于是 2 月就变成了 28 天。这时有一位大臣站出来了，哭道："7、8、9 月连续 3 个月都有 31 天，天天工作太辛苦了，我们需要劳逸结合。"听了大臣的话，奥古斯都大帝觉得很有道理，既然 8 月必须要有 31 天，不如就让后面 4 个月的天数交换一下。奥古斯都大帝说出了这个想法之后，所有的大臣都举双手赞成，就有了现在的历法。

学生修改完善。

三、认识大月、小月

师：历法改变是这样的曲折。观察这些月份的天数，你有什么发现吗？

生 1：2 月很特殊。

生 2：我发现有的月份天数是 30 天，有的是 31 天。

师：我们可以按天数来分类，有 31 天的月份叫作大月，有 30 天的叫作小月，28 或 29 天的叫作特殊月。你能给大月涂上红色，给小月涂上绿色吗？2 月份要涂吗？

生：不要涂，因为它既不是小月也不是大月。

揭题：这就是我们今天要学习的年、月、日的秘密，认识大月和小月。

游戏：生日在大月的起立，生日在小月的起立，没有起立的生日在——2 月。

师：怎样才能快速判断一个月是大月还是小月呢？

生 1：拳头记忆法。

视频介绍。

师：其实还有一句很顺口的口诀帮助大家记忆，你能看懂是什么意思吗？

齐读：一三五七八十腊，三十一天永不差。

生 1：腊月就是 12 月，这句话的意思是 1 月、3 月、5 月、7 月、8 月、10 月和 12 月都有 31 天。

生 2：这句话还告诉我们 4 月、6 月、9 月、11 月都有 30 天。

四、运用知识解决问题

师：上节课我们认识了很多的节日，你能判断出它们是在大月还是小月吗？

出示节日进行判断。

出示：小明看一本故事书，从某月第一天开始看，每天看 1 页，连续两个月看完，这本故事书可能有多少页？

学生先独立思考再讨论交流。

生 1：我们认为可能是 61 天或者 62 天。如果是一个大月和一个小月，就是 61 天；如果是连续的两个大月，就是 62 天。

生2：如果加上了2月,还有可能是59天或60天。

师：是的,59、60、61、62都有可能。揭晓答案:这本书有62页。你知道小明是在哪两个月看的吗?

明确：7月和8月或12月和1月。

师：看来我们对大月和小月的知识已经很清楚了。带着这样的认识,你能解决这几个问题吗? 读一读,对于这3个问题你有哪些疑问?

大月有几个星期零几天?

2023年每个季度分别有多少天?

2023年上半年和下半年分别有多少天?

生1：我想知道季度是什么意思。

师：春夏秋冬叫作季节,而我们的季度是这样规定的,1月、2月、3月称为第一季度,4月、5月、6月称为第二季度,以此类推。

生2：上半年和下半年是不是分别有6个月?

师：是的,上半年指1月到6月,下半年指7月到12月。我们可以根据刚刚的了解快速算出全年的天数。

学生计算交流。

师：最后大家来玩一个游戏,根据一些线索,请你们来猜一猜老师的生日。

出示：我的生日在大月,是一个偶数月,在第三季度,是这个月的倒数第3天。

师：课后你也可以把自己的生日根据大月和小月的特点编成几条线索,让小伙伴猜一猜。最后小明同学也想和大家分享自己的生日。他到现在只过了3个生日,这是为什么呢? 下节课我们继续探讨。

🔍 **【分析点评】**

一、亲历知识形成,感受数学魅力

通过活动一开始的前测,可以发现大多数学生都很好奇:为什么每个月天数不同? 为什么2月这么特殊? 关于这部分内容,教材中呈现的图像、文字往往是静态的,为了更好地解答学生的疑惑,教师应力求在学生脑海中留下知识动态形成的过程。

教师通过在课堂上引入凯撒大帝和奥古斯都修改历法的故事,带领学生一同经历修改每个月天数的过程,设计有意义的学习活动。顺着历史的长河,跟随古人的脚步,学生能够在活动中感受到天数的变化,了解到原来2月在古时并不吉利,人们都希望2月赶快过去,因此形成了"特殊的2月"。学生们看到知识形成与发展的脉络,积累数学活动经验,一方面既加深对每个月天数的印象,另一方面也为后续介绍大月、小月的记忆方法,以及判断大月、小月做了铺垫。

二、感受知识应用,引发记忆需求

引导学生应用知识,可为他们的进一步思考提供支持。活动中,教师在学生认识大月和小月之后,顺势引出对月份的分类和大小月的记忆。教师相机采访学生,了解学生的出生月份,并请同学们一同判断是大月还是小月。学生对此情绪高涨,既迫切想表达自己的出生月份,又想知道同伴的出生月份。遵循这一心理,教师组织学生进行全班互动,请大月出生、小月出生的同学起立并进行验证,由此引发对判断大月、小月的思考,激发记忆的需求。随后,课堂上大家一同分享方法,或是借助拳头进行记忆,或是采用口诀进行记忆。有了之前的铺垫,学生的记忆也更加深刻。

三、思维不断深入,感受方法多样

融入知识学习的综合实践活动离不开对学科知识的掌握。课堂上,学生已经掌握了每个月的天数,那么顺应知识结构的发展,教师就可以通过相关问题激发学生的思维,在解决问题中感受数学方法的多样性。

教师通过"大月有几个星期零几天""2023 年每个季度分别有多少天""2023 年上半年和下半年分别有多少天"这一连串的问题激发了学生的求知欲望。在弄清了"究竟什么是季度""季度和季节有什么分别"等之后,学生尝试计算全年的天数,既可以将每个月的天数或每个季度的天数逐一累加,也可以将上半年、下半年的天数逐一累加,还可以将 12 个月进行分类,先分别求出大月的总天数和小月的总天数,再加上特殊的 2 月。学生们交换想法,体会数学方法的多样性。

年、月、日的秘密（3）——认识平年和闰年

【教学目标】

（1）通过观察、比较每年 2 月的天数,了解 2 月天数的情况,认识平年和闰年;知道通常每 4 年里有 3 个平年、1 个闰年,掌握判断平年和闰年的方法。

（2）经历观察和比较、归纳等过程学习相关知识,积累数学学习活动的经验,培养比较、归纳等能力。

（3）体会数学融于生活,感受生活里存在的一些数学现象;了解星象运动与平年、闰年的关系,初步感受大自然的奇妙,引发对大自然的好奇心,激发学习的兴趣。

【教学准备】

计算器,学习单,课件。

【教学过程】

一、激趣导入

师：上节课我们认识了小明同学,他是一名小学生,长这么大只过了 3 个生日,你们知道这是为什么吗?

生：因为他是 2 月 29 日出生的。

师：有同学猜测小明的生日是 2 月 29 日。在之前的学习中我们已经知道 2 月是一个特殊月,下面我们就来研究 2 月的秘密。

二、探究新知

1. 2 月天数的秘密

以小组为单位,研究 2001—2023 年各年 2 月的月历。

出示活动要求:先把数据整理在表格中,再圈画出 2 月是 29 天的年份,最后小组讨论从表格中发现了什么。

生 1:2 月有 29 天或 28 天。

生 2:每隔 3 年之后的第四个年份,2 月有 29 天。

师:通过观察分析,我们发现 2 月的天数有规律,每 4 年一组进行重复。人们规定,当 2 月是 28 天时,这一年称为平年;当 2 月是 29 天时,这一年称为闰年。当我们知道 2 月的天数时,就可以很快判断出这一年是平年还是闰年。现在请大家看着表格中 2 月的天数,依次说一说每一年是什么年。

生:平年、平年、平年、闰年、平年、平年、平年、闰年……

师:按照这样的规律,请你猜一猜 2024 年是什么年? 2025 年呢?

生:2024 年是闰年,2025 年是平年。

师:是不是呢? 我们还要进行验证。

打开万年历小程序验证。

2. 四年一闰的秘密

师:通过之前的学习我们知道,地球围绕太阳公转一圈是一年。

视频介绍:地球绕着太阳不停地旋转,每转 1 周需要 365 天 5 时 48 分 46 秒。为了方便,人们把一年定为 365 天。这样,每经过 4 年就多出 23 时 15 分零 4 秒,把这多余的 1 天加在 2 月里,这一年就有 366 天。因此,通常每 4 年有 3 个平年 1 个闰年,叫作四年一闰。

师:按照四年一闰的规律,接下来 2024 年是——闰年,再接下来 2025 年是——平年。除了翻看 2 月的月历判断这一年是平年还是闰年外,能不能根据规律来判断呢?

生:我们可以用年份除以 4,看有没有余数。

师:我们按照他的方法一起来验证一下。

师生共同验证 2023 年,除以 4 有余数,是平年。

每位同学选择一个平年和一个闰年,用年份数除以 4 看有没有余数的方法进行验证。

小结:通过验证,表格中公历年份数是 4 的倍数的是闰年,年份数不是 4 的倍数的是平年。

游戏:你说我猜。

一位同学任意说年份,其他同学用计算器判断,老师直接判断。

师:想知道老师算得比计算器还快的秘诀吗? 这里除了可以用年份除以 4 之外,还可以直接用年份的末两位除以 4 来判断,因为当这个数的末两位是 4 的倍数时,这个数就是 4 的倍数。

游戏:我说你猜。

老师任意说年份,同学直接判断。

3. 百年不闰,四百年又闰的秘密

师:1300 年是什么年?

生 1:闰年,因为 1300 是 4 的倍数。

生 2:平年,因为整百年份必须是 400 的倍数才是闰年。

师:既然有了不一样的答案,根据我们之前的学习,可以怎么验证?

打开万年历小程序验证。

师：瞧，1300 明明是 4 的倍数，该年份却不是闰年。看来，如刚刚那位同学所说，像 1300 年这样的整百年份存在特殊情况。

出示一些整百年份，先用计算器计算，再用万年历小程序验证。

师：这些整百年份都是 4 的倍数，却都是平年，说明百年不闰，难道一直不闰吗？我们继续看下去。

视频介绍。

师：现在你知道当年份是整百数时，平年与闰年有什么规律吗？

生：若年份是整百数，只有是 400 的倍数时才是闰年。

师：你们知道为什么会出现这样的规律吗？之前的四年一闰中，闰年的这一天正好是一天吗？由于每 4 年多算了 44 分 56 秒，每 400 年就多算了大约 3 天，因此每 400 年就要少增加 3 天，于是百年不闰，四百年又闰。

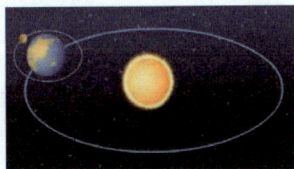

四年一闰
5时48分46秒×4=
23时15分04秒≈
1天

百年不闰，四百年又闰
1天−23时15分04秒=
44分56秒

44分56秒×100≈
3天

地球绕着太阳不停地旋转，每转1周需要365天5时48分46秒。为了方便，人们把一年定为365天。

这样，每经过4年就多出23时15分零4秒，把这多出的大约1天加在2月里，这一年就有366天。

但由于每4年多算了44分56秒，每400年就多算了大约3天2时53分20秒，因此，每400年就要少增加3天。

三、运用知识

师：现在你们知道小明的生日是几月几日吗？小明出生的这一年是什么年？有多少天？它和平年相差的一天在哪里？

学生交流。

师：年、月、日的出现，帮助我们更加有序地记录时间。在这漫长的时间中，发生过很多有意义的事件，我们一起读一读，并判断事件发生在平年还是闰年。

1949 年 10 月 1 日，毛主席在北京天安门城楼宣布中华人民共和国成立

2003 年 10 月 15 日，我国"神舟五号"首次载人航天飞行成功

2008年8月8日,奥运会在中国首都北京举行

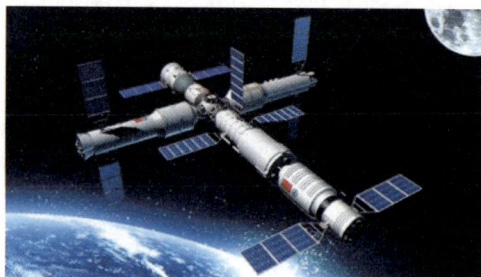

2022年,中国太空空间站全面建成,国家太空实验室遨游苍穹

学生交流。

四、拓展延伸

师:通过这几节课的学习活动,你对年、月、日有哪些认识?

学生交流。

师:年、月、日是我们生活中常见的时间单位,在我们的生活中还有很多跟时间有关的知识,老师从不同的地方摘抄了一些话,这些话里都有跟时间有关的知识。请你找出来,看看对哪些还有疑问?

1. 古人根据二十四节气判断四季的变化,规划粮食的耕种与收获

2. 孔子(公元前551年—前479年)是我国伟大的思想家、政治家、教育家

3. 正月初一是农历的第一天,是春节,俗称"年节"

4. 自从20世纪70年代改革开放以来,中国发生了翻天覆地的变化

生1:为什么孔子的出生日期中,大的数反而写在了前面,小的数写在了后面?为什么时间还往前推了?

生2:世纪又是什么意思?

......

师:既然同学们有这么多的疑问,你打算怎么去研究?

生1:我可以去搜集有关"公元前"的资料,看看"公元前"究竟是什么。

生2:我可以去图书馆查询与时间单位相关的书籍。

师:课后大家可以用刚刚所说的方法继续探索时间的奥秘。时间不停,学习不止。

(本主题活动由南京师范大学附属中学新城小学南校区吴睿华老师、南京市建邺实验小学分校曾馨怡老师、南京致远外国语小学乐山路分校王亚琦老师执教)

【分析点评】

一、设计链式问题,自然引出话题

在"年、月、日的秘密"第二课时中,教师最后留了一道思考题:作为一名小学生,小明为什么只过了3个生日?而这道题恰好是本节课的切入点,轻松过渡到本节课的知识学习——认识平年与闰年,并由此引发学生产生探索平年、闰年规律的需求,激发学生的求知欲,感受数学知识在生活中的实际应用,从"要我学"转变为"我要学",让接下来的学习更加自然。

二、自主探索规律,体验学习乐趣

平年与闰年的区别主要在2月的天数,所以教师为学生准备了2001年到2023年2月的月历,旨在通过学生自主探索、合作交流,发现平年与闰年的排列规律,总结出"四年一闰"的规律。因为学生并没有学过四位数的除法,所以通过"你说我猜"游戏活动,引导学生用计算器验证,体会用年份的末两位除以4的方法,明确当这个数的末两位是4的倍数时,这个数就是4的倍数。接下来再通过"我说你猜"的游戏活动,运用所发现的新方法解决问题,并在最后加入一个整百年——1300年,引发学生的认知矛盾,为接下来探索整百年份的规律埋下伏笔。

这样的安排既可以在实践探索中培养学生比较、分析、类比迁移的能力,提高思维的灵活性,也可以激发学生的学习兴趣,让学生通过游戏体会学习数学的乐趣。

三、融合科学知识,拓宽学生视野

本节课在探索平年与闰年规律的同时,还结合年、月、日的由来,追本溯源。平年与闰年的出现,归根结底是因为天体运动的时间差,为了不断调整这些时间差,就要每四年、百年、四百年……重新进行调整。这部分知识对学生而言十分陌生,通过科学知识的叙述,一方面帮助学生构建更加完整的认知结构,另一方面也拓宽了学生的视野,原来数学不仅和我们的生活有关,还和天文知识有关。

四、总体回顾反思,进行拓展延伸

本课时作为"年、月、日的秘密"主题活动的最后一个课时,全课的总结不局限于这一节课,而是对整个活动的总结反思,教师引导学生回顾这3节课完整的有关年、月、日的主题学习,帮助学生形成知识结构框架。在这一环节里,教师通过提供丰富多彩、涉猎广泛的阅读材料,对与时间相关的知识做了拓展延伸,为学生的课外学习提供了方法指导,让学生的学习由课内走向课外。

【案例分析】

"年、月、日的秘密"主题活动是融入数学知识学习类的综合与实践主题活动,此类活动不仅要学生积极参与,更要引导学生在丰富的活动中,感受知识的内在逻辑,掌握学科知识,

感悟数学与生活的联系,感受数学的魅力。本主题活动通过环环相扣的内容安排、层层深入的活动设计和丰富的历史文化渗透等,丰富学生对年、月、日时间单位的认知,激发学生的好奇心,愿意对自己感兴趣的问题进行持续研究,感受数学在生活中的广泛应用,了解中华优秀传统文化,增强民族自豪感,促进学生全面发展。

一、内容环环相扣,激发研究热情

"年、月、日的秘密"融入的数学新知学习与生活以及其他学科都息息相关,学生或多或少有一定的知识储备。为了凸显学科知识的逻辑性和层次性,教师需要宏观把握教材内容,对教材中的教学内容进行分解、整合和优化。通过对知识内容进行结构化的梳理,最终将新知学习重新划分组合,以认识时间单位之间的关系为主线组织活动,融入年、月、日的由来,一年的天数,一个月的天数,大月与小月,季节与季度,平年与闰年等知识学习,分3个课时进行,第一课时为"年、月、日的秘密(1)——走进年、月、日",第二课时为"年、月、日的秘密(2)——认识大月和小月",第三课时为"年、月、日的秘密(3)——认识平年和闰年"。

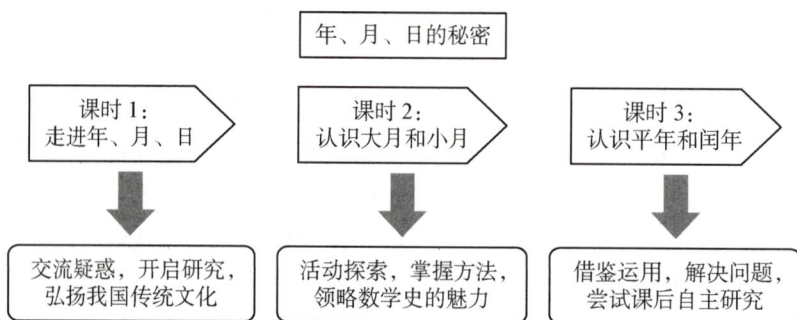

图 2-1 "年、月、日的秘密"主题活动框架

3个课时虽然相对独立,拥有各自的教学内容与教学目标,但也相互关联,互辅互助。如第一课时学生提出了很多关于年、月、日的疑问,3节课分别围绕其中一个问题重点进行解决;第二课时的末尾提出了为什么小明只过了3个生日的问题,引出第三课时平年和闰年的知识学习;第三课时末尾,教师带领学生回顾主题学习的收获和感悟,解决了第一课时提出的疑问,帮助学生系统构建年、月、日的知识框架,并进一步激发研究热情,促使学生不断深入地进行研究。内容安排上环环相扣,紧密联系,串联成整体,帮助学生逐步加深对年、月、日的认识。

二、活动层层深入,提升综合能力

在活动实施过程中,教师设计多个环节组织教学,学生经历了"提出问题—分析解决—综合运用"的过程。虽然将新知学习分解到了各课时中进行,但由于内容安排上具有整体性、联系性,使得课时与课时之间找到契合点,建立联系,统整教学思路。课前,引导学生先行了解,于学生的"学情"中发现问题;课中,引导学生亲历实践活动,解决先学中存在的疑难杂症;课后,依据教学实施过程中教与学双方反馈的信息,进行拓展延伸,促进研究活动的持续深入。

第一课时中,教师借助预习单了解学生的已有经验,并通过观察台历、了解节日埋下求知的种子;第二课时中,教师带领学生跟随数学故事,感受月与日之间关系的演变,让知识动态生成,积累数学经验;到第三课时,教师放手让学生参与实践,提供阅读材料,鼓励学生发现问题,并自己尝试解决问题。通过主题式的学习活动,学生从日常生活、自然现象等情境中抽象出真实的数学问题,在真实情境和问题中展开知识学习,并有意识地去探索、应用,提升学生的综合能力。

三、渗透历史文化,培养数学情感

融入新知学习的综合与实践主题活动是在现实情境、真实问题背景下的学习,情境的真实性、问题的复杂性,决定了这样的学习一定是一种宽泛的学习,它并不局限于某一知识点,而是研究情境中出现的真实问题。在"年、月、日的秘密"主题活动中,除了月历、大月、小月、平年、闰年这些知识之外,学生不可避免地接触到世纪、公元前等知识以及农历、节气等我国特有的传统文化。这些在之前的教学中往往被忽略,然而,"年、月、日的秘密"如今已被划分到综合与实践领域,我们不能按照传统的"量的计量"眼光来看待这一内容的教学,而是要正视这些现象,掌握相关资料,帮助学生拓宽知识面,鼓励学生深入研究,培养学生积极的数学情感。

本活动中,通过介绍地球、月亮、太阳之间的公转和自转,了解农历传统节日,讲述凯撒和奥古斯都两位皇帝对月历的修改故事,出示公元前、世纪等常见的时间词等,学生被有趣的历史故事所吸引,被中国古人的智慧所折服,对有关时间的知识产生了强烈的兴趣。学生的研究热情高涨,思维不断深入,情感不断提升。历史文化的渗透,促进了学生更加深远的发展。

第二节 运用数学知识及其他学科知识的主题活动内容开发

《义务教育数学课程标准(2022年版)》相关内容:

主题活动分为两类:……第二类,运用数学知识及其他学科知识的主题活动。在这类活动中,学生将综合运用数学知识解决问题,体会数学知识的价值,以及数学与其他学科的关联。

在主题活动中,学生将面对现实的背景,从数学的角度发现并提出问题,综合运用数学和其他学科的知识与方法,分析并解决问题。

在教材编写或教学设计时,可以使用不同的主题名称,设计不同的活动内容,但要关注主题内容的选取和学生的接受能力,达到主题活动的内容要求和学业要求。

数学应用能力的培养是我国数学教育一直十分重视的问题,早前的教学大纲就指出:能够运用所学的知识解决日常生活和生产中的简单的实际问题,主要表现为应用题教学。2001年版课标提出"综合与实践应用"领域,强调基于挑战性问题和综合性问题,发展学生解决问题的能力,加深对其他3个课程内容领域的理解,体会各部分内容之间的联系;2011年版课标更名为"综合与实践"领域,注重引导学生经历数学活动过程,在解决问题的实践中获得基本活动经验;2022年版课标则强调在真实情境与背景中,综合运用数学和其他学科的知识与方法,分析并解决问题。

让核心素养落地,是2022年版课程标准修订的工作重点。应用意识作为核心素养的具体表现之一,主要是指有意识地利用数学的概念、原理和方法解释现实世界中的现象与规律,解决现实世界中的问题。应用意识有助于用学过的知识和方法解决简单的实际问题,养成理论联系实际的习惯,发展实践能力。开展运用数学知识及其他学科知识的主题活动是培养学生应用意识的主要途径之一。

2022年版课标设置了6个运用数学知识及其他学科知识的主题活动,分别是数学游戏分享、身体上的尺子、数学连环画、度量衡的故事、校园平面图和体育中的数学,详见表2-4。同时,课标指出,列出的主题活动名称及具体活动内容仅供参考,在教学时可以使用不同的主题名称,设计不同的活动内容。在小学阶段可根据学习内容及学生现状合理设计安排活动,如在学习完分数后可安排"多彩的分数条",在初步认识完立体图形后可安排"有趣的拼搭",在学习完平均数后可安排"入春的标准"等。

表2-4 2022年版课标中运用数学知识及其他学科知识的主题活动

学 段	主题活动	活 动 说 明
第一学段	数学游戏分享	回顾学前阶段经历的与数学学习相关的活动
第一学段	身体上的尺子	运用测量长度的知识,发现身体上的"长度",并利用这些"长度"进行测量
第一学段	数学连环画	运用学过的数学知识记录自己的经历,或述说一个含有数学知识的小故事
第二学段	度量衡的故事	查阅资料,理解度量衡的意义
第三学段	校园平面图	综合运用比例尺、方向、位置、测量等知识,绘制校园平面图
第三学段	体育中的数学	收集重大体育赛事的信息、某项体育比赛的规则、某运动员的技术数据等素材,提出数学问题,设计问题解决方案

无论是课标中设置的主题活动,还是自主开发的主题活动,都应遵循以下4点。

1. 现实性

主题活动内容的选择应来源于现实世界,让学生在真实背景下发现问题、解决问题。可以是学生发现的一个感兴趣的现象,如"有趣的身体尺";可以是学生近期面临的一个问题,如"秋游方案";也可以是日常生活中虽不易引起关注,却很有研究价值的话题,如"体育中的数学"。

2. 适切性

课标指出,选取活动内容时要关注学生的接受能力,即与学生的生活经验和知识经验高度相关,符合其年龄特征及思维发展水平,是适合学生研究的、能促进学生思维发展的主题活动。如在四年级学习完平均数后,安排"入春的标准"这一主题活动,学生已有相关的知识储备,对此也很感兴趣,经历一定的探索后能解决问题,适合学生进行探究。

3. 体验性

综合与实践主题活动强调学生多感官参与,进行沉浸式体验学习,如动手操作、实地开展调查、进行数学实验、表达交流等,学生眼、耳、口、手、脑等身体器官通力合作,在丰富的体验中解决问题。如"探秘圆柱"活动,学生经历观察、猜测、实验等一系列活动,在手脑并用中发现规律,利用规律解释生活中的现象。

4. 思维性

数学综合与实践活动除了以上3点特性外,还要具有数学味,要运用数学思想方法,体现数学思维。如"表格中的秘密"主题活动让学生在二维表格中运用所学的运算知识解决问题,在解决问题的过程中,学生经历了数学推理的过程,感受数学的逻辑性和严密性。

案例1　表格中的秘密

【导读】

"表格中的秘密"属于综合与实践领域中运用知识的主题活动,主要借助2022年版课标附录1中例5的加法表格,结合表内乘法的知识开发设计而成,帮助学生巩固1～6的表内乘法计算,让学生感悟乘数与积之间的关系,感悟数与图形的结合,在探究活动中培养学生的分析、推理、验证等能力,发展学生的学科素养。

在以往的教学过程中,我们的关注点通常落在学生算法和算理的掌握情况,其指向的是正确的计算结果,而容易忽略"如何发展学生的运算能力""如何通过运算促进学生推理能力的发展"等相关问题。这些需要教师根据学生的已有知识经验,通过创设多元化、综合性的运算情景与问题,引导学生有序思考;精心设计需要选择合理运算策略解决问题的主题活动,培养学生综合分析的能力。由此,根据综合与实践的教学要求,基于学生真实学习起点,聚焦1～6的表内乘法知识,关注表格在数学学习中使用的本质属性,开发设计了"表格中的秘密"主题活动,让学生感受乘数与积之间的关系,经历表格学习中"一维到二维"的过程,借助图形感受规律,也为后续学习图形与位置等内容做铺垫。

【教学目标】

(1)了解表格找数的基本规则,根据规则能够找到表格中的所有数,帮助学生巩固1～6的表内乘法计算,同时培养学生的推理意识。

(2)在分析、推理、验证等一系列探究活动中,体会有序思考、合情推理的特点和价值,帮助学生发展思维的条理性和严谨性,培养学生综合分析的能力。

(3)积极参与数学活动,清晰表达自己的想法,享受获得成功的体验。

【教学准备】

课件、表格。

【教学过程】

一、了解表格结构,弄清计算规则

1. 简单的加法表格引入

师:数字2、3和加号是好朋友,一天,他们和另一个好朋友去秋游,这个小朋友非常调皮,你们猜他是谁呢?

2	
+	3

学生的回答有:1、5、3、6。

师：老师给点提示,这个好朋友和2、3、加号都有联系,你们再猜!

生：5!

2	5
+	3

师：确实是5! 你能说说这个5是怎么来的吗?

生：2加3等于5。

师：老师把这张表稍微改动一下,他们3个的好朋友是谁?

2	8
+	

生：我认为是6,因为8－2＝6。

师：加法算式和减法算式都能表示出表格中3个数之间的关系。今天让我们一起来研究藏在表格中的秘密。

2. 研究简单的乘法表格

2	
×	3

2	8
×	

师：这两张表格中藏起来的好朋友分别是几? 怎么想的?

生1：左边表格中的空格是6,因为2×3＝6。

生2：右边表格中的空格是4,因为2×4＝8。

师：这两个乘法的表格和刚才的加法表格有什么不同呢?

生：符号不一样!

师：表格中的符号非常重要,决定着我们表格中的数是用什么运算得到的。根据表格运算的规则,可以计算出顺向表格中隐藏的数。

3. 研究3×3的乘法表格

6	A	D
4	C	B
×	3	5

师：现在更多的好朋友形成了更大的表格,你还能找到他们之间的关系吗? 为了说起来更方便,我们把乘号、3、5所在的这一排称为横排,乘号、4、6所在的这一排称为竖排。A、B、C、D分别表示多少?

生1：我们用3×6＝18得到字母A是18。

生2：B这个格子里的数,与4和5有关系,4×5＝20。

生3：这里的C表示的是3×4＝12。

生4：可以用5×6＝30得到D。

师：看来要想知道表格中空格里的数是多少,首先要找到横排和竖排相对应的数,再相乘得到。我们可以把对应横排的数和竖排的数看成乘数,相乘得到积,也就是中间隐藏的数。这就是表格中隐藏的秘密。

4. 研究4×4的乘法表格

2			
6	18	30	
4	12	20	
×	3	5	4

师：现在又来了两个好朋友2和4,你们知道其余的好朋友是谁吗?

学生完成表格。

二、根据表格运算规则,启发逆向思考

3	A	12
5	B	C
×	3	D

学生独立思考、小组交流。

生：先根据横排的3和竖排的3、5,可以知道A表示的是9,B表示的是15;再想到三四十二,得到横排的数D是4,最后四五二十,得到C是20。

师：为什么A和B表示的9和15能直接得出,并且先填15或9都可以,而这里必须先填出D表示的4才能填出20?

生：9和15填的时候,横排数和竖排数都是知道的;填C时横排的数还不知道,必须先根据12填出横排上D表示的数4,才能知道C表示的数为20。

师：当横排和竖排数字都已知时,积用乘数乘以乘数就可以得到;在知道积和乘数的情况下,另一个乘数也可以通过乘法口诀推算。

三、根据表格运算规则,综合性思考找到表格中的数

1. 综合运用表格运算规则和推理意识,探寻问号表示的数

3	A	6
B	?	10
×	4	C

按顺序出示表格中的数: 乘号、3、6、10、4。

师: 这个表格看上去有些复杂,问号到底表示的是几呢? 请四人小组合作完成。

小组汇报。

生1: 根据竖排的3和横排的4,可以得出A表示的数是3×4=12。

生2: 我们还可以根据竖排的3和对应的数6得出横排的C表示的数是2。

生3: 根据横排上得出的2和对应表格中的10,可以得出竖排的B为5。

生4: 最后可以得出问号表示的数是20。

师: 在横排和竖排的数都已知的情况下,相乘就能得到对应格子的数;在横排和竖排有一个数不知道的情况下,可以通过对应的积,用乘法口诀推算出不知道的那个数。

2. 借助获得的学习经验,设计自己创造的乘法表

师: 这节课小朋友们通过观察、分析都发现了表格中的秘密,大家可以利用今天学到的表格中的秘密给你的同伴设计一个趣味表格题。

（本主题活动由南京师范大学附属中学新城小学怡康街分校牛德芳老师执教）

🔍【案例分析】

数学学习是一个拾级而上的过程。数学教学需要把隐藏在知识背后的思想方法揭示出来,以带动学生思维的发展和提升。苏教版二年级教材中表内乘法的学习,重点是让学生理解乘法的意义、熟练运用口诀进行计算。学生在学习完1~6的乘法口诀后,教师通过设计主题活动“表格中的秘密”,帮助学生熟练利用乘法口诀知识解决相关问题,同时提升其综合分析及运用能力。

一、关注知识本质,聚焦“三会”,促进学生主动学习

表格的运用其实是一种直观表征的体现,通过表格的直观表征,不仅有助于学生理解抽象的数学概念、算理、关系和规律,而且有助于他们对各种数学结论做出更清晰的解释,让思维可视化,进而促进深度理解,提升学生的思维水平。

《义务教育数学课程标准(2022年版)》指出,在数学课程方面,主要培养学生会用数学的眼光观察现实世界,会用数学的思维思考现实世界,会用数学的语言表达世界。对于处于低年段的学生来说,表格运用的方式对促进他们推理意识的形成、数学思维缜密性的养成都有着极大的帮助。表格的价值不在于它的形式,而在于用表格来表达知识时核心素养的体现:对表格表达知识的“关键属性”能用数学的眼光进行观察,能用数学的思维进行思考,能用数学的语言进行阐述。

二、关注思维养成,聚焦结构化,推动学生高阶认知

“表格中的秘密”作为运用知识的主题活动,偏向于综合性和探究性。设计时把1~6的乘法口诀知识进行关联,将知识技能层面的学习进行结构化整合,用结构化的方式进一步突破重点和难点,促进学生高阶的认知。

本内容主要设计了 4 个结构化的活动:2×2 乘法表格的学习活动;3×3 和 4×4 顺向乘法表格的学习活动;逆向乘法表格的学习活动;综合性思考找到表格中隐藏的数的学习活动。通过这4 个活动的设计,让学生对乘法的意义有了深入的理解,对乘法口诀间的关联更加融会贯通,积累通过使用推理的方式来思考的经验。另外,借助表格让学生经历数学综合性、实践性和探究性的过程,帮助学生获得了直观的学习体验,让学生将知识内化,并在进阶学习中厘清联系。

三、关注学习历程,聚焦"闭环意识",加强学生整体性思考

在 2022 年版课标强调素养导向、主张大单元整体教学的理念下,安排学生在经历了 1～6 乘法口诀的新知学习后,再经历表格中的秘密的探索,学生的学习历程相对完善。学生在熟练掌握了乘法口诀相关知识的基础上,立足知识学习的整体视角,在自审表内乘法学习的同时,力求通过自身能力的发展来挖掘数学知识本质。通过驱动性问题、结构化环节,聚焦"闭环意识",加强学生对知识的整体性思考,发展其分析问题、解决问题的能力。

本主题活动的实施,给予了学生更多的拓展机会,也让教师有了更多的反思:学习内容还可以更加有厚度;学习体验还可以更"长程";学习问题还可以更思辨;学习空间还可以更开放。总的来说,小学数学综合与实践活动设计和实施还可以更多元,为学生的数学学习提供丰富的路径。

案例 2 接龙游戏:抢 10

【导读】

《义务教育数学课程标准(2022 年版)》中综合与实践领域发生了翻天覆地的变化,成为小学数学学习中强调的重要内容。课标从内容要求、学业要求和教学提示三方面出发,为落实教学评一致性、内容结构化提供了明确、清晰的实施路径,真正将核心素养梯级落实到每个学段中,实现学生"用数学的眼光观察世界、用数学的思维思考世界、用数学的语言表达世界"的总目标。一年级是实施综合与实践主体性学习活动的起始阶段,全新的课程体系、丰富的课程内容,对于刚从幼儿园步入小学阶段的儿童来说,具有天然的吸引力和适切性。

"第一学段综合与实践的主题活动,关注幼小衔接,帮助学生积累数学活动经验。例如'数学游戏分享'的主题活动,在具体情境中,回顾自己在学前阶段经历的与数学学习相关的活动经验,唤起数学学习的感性认识和学习经验,激发进一步学习数学的兴趣,尝试运用与数学学习相关的词语,逐步养成学习数学的良好习惯。"基于此开发设计的"接龙游戏"综合与实践主题活动,以一年级学生所熟悉的纸牌游戏为活动素材,在丰富的游戏活动中,灵活运用分与合的知识解决问题,激发学生学习的兴趣和动力,让一年级学生在具体的情境中学习和运用数学知识,积累活动经验,点亮数学思维,发展综合能力。在此主题活动中,纸牌游戏的形式对一年级学生来说,不仅能快速拉近和数学的距离,还能在活动中打下扎实的数学基础,培养他们对数学启蒙的兴趣和信心,为后续的学习打下坚实的基础。

【教学目标】

(1)经历"抢 10"游戏活动,熟练掌握 10 以内分与合的知识,发展数感。

（2）在游戏活动中,经历探索"取胜策略"的经验,培养发现问题、提出问题、分析问题和解决问题的能力。

（3）在游戏活动中,体验数学学习的乐趣,培养学生合作意识。

🔍**【教学准备】**

课件、纸牌(数字1~9)。

🔍**【教学过程】**

一、介绍规则,熟悉2张牌合成10

1. 了解规则

视频介绍游戏规则。

师:看明白怎么玩吗? 谁来介绍游戏的规则?

学生介绍规则:同桌合作,先洗牌,两人一组依次出牌,当看到2张牌可以合成10时,就把这2张牌和它们中间的牌都拿走。

整理游戏步骤:洗牌→出牌→抢10。

师:赢的牌放在哪里呢?

生:放在手里牌的最下面,可以继续玩。

学生进行第一轮游戏,教师巡视,给予帮助。

2. 交流分享经验

师:数一数你手里的牌比原来多了还是少了? 这个游戏有诀窍吗?

生:找可以合成10的两张牌。

师:你找到了哪些可以合成10的牌,能有序地说一说吗?

生:1和9、2和8、3和7、4和6、5和5。

小结:看来要想赢牌,需要我们非常熟悉10的分与合。

出示:

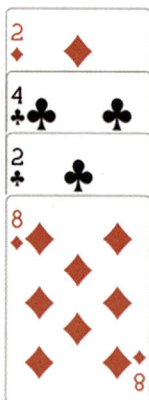

师:像这种情况,可以赢几张牌呢?

生1:2张。

生2:4张。拿红色的2和8合成10,可以把所有的牌拿走。

师:看来这个游戏的诀窍不仅要找可以合成10的2张牌,还要思考怎样拿可以拿得多。

二、变化规则,尝试 3 张牌合成 10

1. 了解规则

师:熟悉了玩 2 张牌抢 10 的游戏,老师觉得还可以让游戏更有挑战性! 你可以变化一下游戏规则,让这个游戏有些新的变化吗?

生 1:能不能抢其他数?

生 2:能不能改为 3 张牌抢 10,或者多张牌抢 10?

师:先让我们试一试 3 张牌抢 10 的游戏吧! 3 张牌抢 10,你觉得游戏的规则会发生哪些变化?

生:跟刚才游戏规则差不多,只是要看到 3 张能合成 10 的牌才能拿走。

出示纸牌 2 和纸牌 3。

师:下一张是几就能拿牌? 你是怎么想的?

生:下一张牌是 5 就能拿牌,因为 2 和 3 合成 5,5 和 5 合成 10。

再出示纸牌 7。

师:现在这张牌是 7,能拿牌吗?

最后出示纸牌 3 和纸牌 5。

师:现在能拿牌了吗? 怎么拿?

生:全部拿走,因为 2、3、5 合成 10,所以都可以拿走。

小结:看来玩游戏时我们可以观察已有的牌,思考下一张牌是几就能合成 10。

2. 交流分享经验

课件依次呈现:

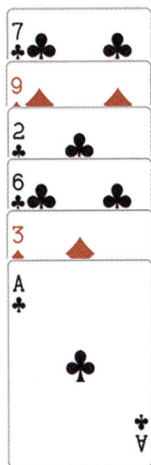

师:可以抢 10 了吗? 同桌小伙伴商量一下,你想怎样拿牌?

生 1:拿 6、3、1。 因为 6、3、1 合成 10。

生 2:可以都拿走,因为 1、2、7 合成 10,可以全部拿走。

师:为什么找这 3 张牌可以全部拿走?

生:要想全部拿走,看最后一张牌 1 和第一张牌 7,1 和 7 合成 8,只要中间出现了 2,就能全部拿走。

小结:根据最后出的 1,我们可以在已有的牌中想哪两个数和 1 合成 10,而且还要想清楚选怎样的数可以拿的牌多。

学生活动,交流经验。

小结:熟悉能合成 10 的 3 个数,是这个游戏能赢的关键。

课件依次呈现:

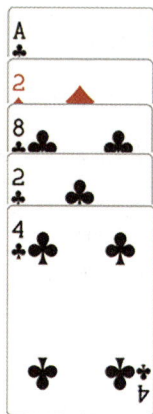

师:下一张出现几可以全部拿走?

生 1:下一张如果出现 7,那么 1、2 和 7 可以合成 10。

生 2:出现 1 也有可能,因为 1、8 和 1 合成 10。

生 3:还可能出现 5,因为 1、4 和 5 合成 10。

师:要想全部拿走,3 张牌里一定要出现 1,剩下的 2 张牌只要能合成 9,就可以全部拿走。还想再试一次吗?要求尽可能拿得准、拿得多。

同桌游戏 3 分钟。

三、创造规则,丰富 10 的分与合的认知

师:抢 10 的游戏有意思吗?这个游戏的规则还可以怎样变化?既然你们 2 张牌、3 张牌都能抢 10,那我们就不限制牌的张数来抢 10。谁明白"不限制张数"的意思?

生:2 张牌合成 10、3 张牌合成 10 都可以,甚至更多张数,只要可以合成 10 就可以赢牌。

师生共同玩一次。

依次出现:2、4、3。

师:下一张你希望出几?为什么?

生 1:我希望是 8,因为 2 和 8 合成 10,这样我可以全部赢牌。

生 2:可以是 5,因为 2、3、5 合成 10。

生 3:还可以是 4,因为 2、4、4 合成 10。

生 4:还可以是 1,因为 2、4、3、1 合成 10。

师:不限制牌的张数抢 10 有很多种赢的可能,大家要仔细观察,动脑筋思考,随时做好收牌的准备。

同桌活动 3 分钟,交流经验。

出示:

师：不限制牌的张数，请你仔细观察，思考下一张可以是几就能抢10？如果出现纸牌7，可以有哪几种情况合成10？

生1：3和7合成10。

生2：还可以是1、2和7合成10，而且要选择第一张1，这样拿得更多。

师：如果出现纸牌6，你能想到哪些？

生：1、3和6或者是1、1、2和6这种情况。

师：这里出现了4个数也能合成10的情况。有没有可能5个数合成10的情况？出现几就有可能？

生：出现3，因为1+1+2+3+3=10。

师：太棒了，我们还能发现5个数合成10的情况。下一张牌除了3、6、7可以抢10，还有哪些也可以抢10？出现了哪个数不行呢？

引导发现：下一张牌是3到9中的任意一张，都可以抢10成功，但1和2不可以，因为1、1、2、3合起来是7，下一个数是1或者2，都不能合成10。

明确：也就是这个数只要比2大，都能出现合成10的情况。

四、总结延伸

师：这节课我们体验了不一样的纸牌游戏，经历了2张牌、3张牌、多张牌的接龙抢10游戏。其实纸牌还有很多有意思的玩法，感兴趣的同学课后可以继续研究，发现更多的玩法。

（本主题活动由南京师范大学附属中学新城小学南校区崔蝶老师执教）

🔍【案例分析】

一年级的数学启蒙教学是学生数学学习的重要起点，既关乎学生对数学学习的兴趣和态度的培养，也为后续数学学习奠定基础。苏教版小学数学一年级上册第七单元"分与合"的学习，重点让学生探索如何在实际问题中运用10以内数的分与合，体会分与合的思想。学生在学习本单元时，教师可以通过设计综合实践课"接龙游戏"进行相关分与合的游戏活动，巩固10以内数的分与合知识，在游戏活动中培养学生学习数学的兴趣，促进合作与交流能力的发展，提升数学素养和解决问题的能力。

一、初探游戏，关注知识本质，渗透分与合思想

接龙的纸牌游戏，很多一年级学生称它为"小猫钓鱼"，说明纸牌游戏对他们而言并不陌生，大多数一年级学生在入学前已经尝试过类似的游戏活动。从学生喜闻乐见的纸牌游戏

入手,唤醒他们已有的游戏经验,能消除学生对数学学习的紧张情绪,激发学习的兴趣,同时渗透数学概念和技能的练习与运用。在第一轮游戏过程中,教师先让学生熟悉游戏的规则,再通过伙伴合作进行游戏。在实践体验中,逐渐理解游戏规则和目标,即发现2张可以合成10的牌则抢10成功。学生在拿牌—放牌—抢牌的活动中,在脑海里进行数学运算和思考,加深对10的分与合数学核心知识的理解和掌握。

二、深入游戏,运用知识内涵,深化分与合思想

由利用2张牌抢10游戏顺其自然地过渡到利用3张牌抢10游戏,符合学生认知结构的规律,通过游戏的深入,进一步提升学生运用10以内数分与合知识的能力,触及知识内核。在这一轮游戏中,学生需要快速观察已有的牌,思考下一张牌如果是几就能抢10成功,利用已有的牌面数找到能合成10的3张牌,学生在实践探索中将更深入地理解10以内数的分解概念,强化数的拆分能力,通过加法运算,得到3张牌合成10的组合,加强数的合成的理解。随着游戏的深入,学生需要根据手中牌的组合情况,多角度思考,熟悉不同的数之间的合成关系,思考最佳拿牌策略,以获得更多的牌。通过灵活运用数的分与合思想,加深数的拆分与合成的理解,为后续加减法运算的学习做"孕伏"。

三、升华游戏,延伸知识体系,发展深度思维

随着游戏规则的升级变化,游戏的难度和挑战性增加了,对学生的计算力、观察力、创造力、逻辑推理等数学思维提出更高的要求,也更能激发学生的学习热情和挑战欲望。学生在抢10的过程中需要更多地思考和计算,既要具备一定的数学知识与计算能力,还要通过仔细观察每张牌,思考如何优化组合可以成功抢10,只有不断思考、尝试、创造,才能有更多的可能性。这一过程不仅延伸了学生的知识体系,还发展了学习技能。而且在不断的计算、观察、推理等过程中,学生核心素养落地生根。

《义务教育数学课程标准(2022年版)》在课程实施中强调要选择能引发学生思考的教学方式,让学生在实践、探究、体验、反思、合作、交流等学习过程中感悟基本思想、积累基本活动经验,发挥每一种教学方式的育人价值,促进学生核心素养发展。同时要求进一步加强综合与实践,设计的主题活动可参考学生个人经验和已有知识积累,从解决问题需要出发,明确所学数学知识与技能,提出相应学习任务等。面向一年级学生进行的数学综合与实践活动教学,首先应当突出在运用数学知识的同时体现其综合性与实践性,让学生经历完整的学习活动,感受数学知识的形成过程,让他们在探索实践中获得成功的体验,激发学习数学的兴趣,走近数学,亲近数学,点亮思维。其次在内容和形式的选择上应有适当的趣味性、适量的综合性和适度的挑战性,充分考虑一年级学生的年龄特点和心理变化,从他们已有的生活经验出发,在活动体验中,深入理解和掌握数学知识与技能,积累经验,提高解决问题的能力;在合作与交流中,培养互助合作的能力,发展综合素养;在富有挑战性的活动中,将学生的思维带向深处。

第三节 项目式学习内容开发

《义务教育数学课程标准(2022年版)》相关内容:

综合与实践主要包括主题活动和项目学习等。第一、第二、第三学段主要采用主题式学

习,第三学段可适当采用项目式学习。

项目式学习的设计以解决现实问题为重点,综合应用数学和其他学科知识解决问题,体会数学知识的价值,以及数学与其他学科的关联。

项目式学习(project-based learning),简称 PBL,由 20 世纪的"设计教学法"演变发展而来,约 2005 年进入中国。在新时代发展急需创新型、复合型人才的今天,教育改革是关键。项目式学习作为抓手之一,可以促进学生核心素养的落地,推动教育改革。

北京师范大学杨明全副教授认为:项目式学习是一种建构性的教与学方式,教师将学生的学习任务项目化,指导学生基于真实情境而提出问题,并利用相关知识与信息资料开展研究、设计和实践操作,最终解决问题并展示和分析项目成果。[①] 显然,解决现实世界中的真实问题是项目式学习产生的原因,在解决问题的过程中,学生可能面临复杂的任务,例如调查、设计、分析、决策等,通常需要通力合作才能完成,最终形成项目作品。项目作品形式多样,可以是研究报告、设计方案,也可以是做出的产品等,项目作品是项目式学习与主题活动的重要区别之一。

2022 年版课标在第三学段设置了 2 个项目式学习,分别是营养午餐和水是生命之源,详见表 2-5。并在教学建议中指出:项目式学习教学以用数学方法解决现实问题为主,其目标是引导学生发现解决现实问题的关键要素,用数学的思维分析要素之间的关系并发现规律,培养模型意识,经历发现、提出、分析、解决问题的过程,培养应用意识和创新意识。项目式学习教学所涉及的问题主要是现实世界中具有开放性的问题,问题解决需将现实问题转化为数学问题。解决数学问题要引导学生提出合理假设、预测结果、选择合理的数学方法,对用数学模型表达条件与结果之间的关系有清晰的认识,并利用真实情境检验模型、修正模型,形成物化结果,包括项目产品、小论文或研究报告等。项目式学习评价以教学目标为依据,内容主要包括:学生对真实情境中问题的理解,用数学语言表达问题的适切性,结果预测的合理性,关注解决问题的实施方案,解决问题过程中的思考、交流与创意表现,项目研究成果的质量。

表 2-5　2022 年版课标中的项目学习

学　段	项目学习	项目说明
第三学段	营养午餐	调查了解人体每日营养需求,调查学校餐厅或自己家庭一周午餐食谱的营养构成情况,设计一周合理的营养午餐食谱
第三学段	水是生命之源	调查了解生活中人们使用淡水的习惯及用量,发现、提出并解决问题,制定校园或家庭节水方案,尝试设计节水工具或方法

根据课标相关要求,在跨学科背景下,还可根据学生现状,结合校园文化、当地特色文化等开发适合学生研究的项目内容,如结合中国传统文化开展"腊八粥"项目式学习,结合学校农场开展"一米菜园"项目式学习等。

项目式学习作为一种全新的育人方式,使学生真正全身心投入学习中,在真实情境中自觉地学习和运用数学知识和其他学科知识,在复杂的、充满挑战的环境中不停地探索前行,

---

[①] 杨明全.核心素养时代的项目式学习:内涵重塑与价值重建[J].课程·教材·教法,2021(2):57-63.

在提升学生问题解决能力的同时,发展学生合作、沟通、反思等多方面能力,真正提升学生的素养,培养其理性精神和良好的价值观。

案例 1 腊 八 粥

🔍【导读】

《义务教育数学课程标准(2022 年版)》指出,项目式学习的设计以解决现实问题为重点,综合应用数学和其他学科知识解决问题,体会数学知识的价值,以及数学与其他学科的关联。

项目式学习是小学数学综合与实践学习领域的重要方式,有助于学生积累活动经验,感悟思想方法,形成和发展模型意识、创新意识,提高解决实际问题的能力,形成和发展核心素养。劳动教育同样是提倡学生手脑并用的课程。由此,可以看出将劳动教育课程与数学项目式学习融合,是学生实践与思维的结合,在劳动中锻炼体力的同时培养学生发现问题的能力,以及运用数学知识分析和解决问题的能力,在培养学生应用能力的基础上发展创新思维,提升学习力,为学生能够成长为满足新时代发展需要的创新型人才奠定坚实的基础。

目前,劳动教育的阵地以家庭、社会等生活场域为主,而数学教学的主阵地是课堂教学。两者的融合不仅是形式上的结合,更是学生学习阵地的拓宽。学生从已有的劳动经验出发,把亲身经历的实际问题抽象成数学模型,再回到生活中进行应用。由此可见,在数学课堂教学中融入劳动教育是培养学生劳动情感、提升劳动素养的有力举措,从而实现有效的"教劳"结合,进一步培育学生的核心素养,达到全面育人的价值追求。

借鉴 2022 年版课标中对高年段项目式学习的教学建议,力争鼓励学生经历完整的活动过程,针对"腊八粥"这个项目设计了 4 个阶段,历经 6 个课时,在 10 个任务活动的驱动下逐步推进,整体结构见图 2-2。

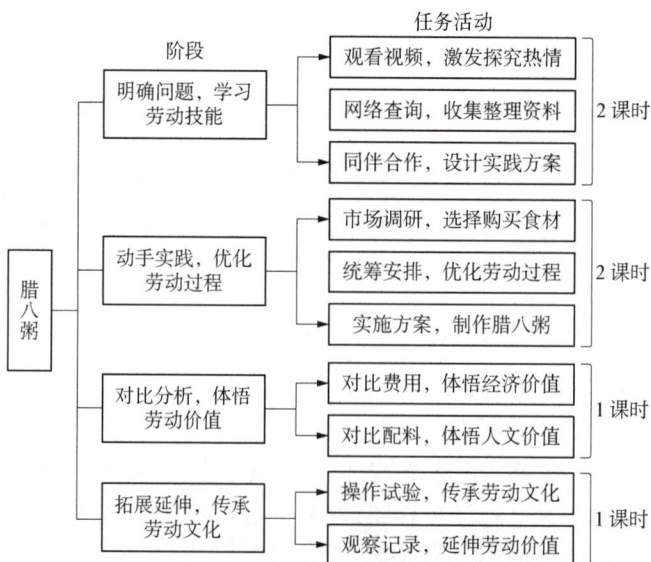

图 2-2 "腊八粥"活动的整体结构

阶段一：明确问题，学习劳动技能（2课时）

【教学目标】

（1）学会查找、整理资料，了解腊八粥的发展历史，初步感受中华民族历史悠久的劳动文化。

（2）在设计劳动流程的过程中，初步体会有序操作、合理安排在劳动过程中的重要性，培养学生的时间观念。

（3）在师生交流、生生交流过程中，学生提出问题并研讨实践方案，培养学生从现实生活中提出问题，并能够主动运用数学知识分析问题和解决问题的能力。

【教学准备】

信息教室，劳动流程设计单，演示课件。

【教学过程】

任务 1：观看视频，激发探究热情

1. 观看视频，了解历史

十二月初八，古代称为"腊日"，俗称"腊八节"，都说"腊八腊八，冻掉下巴"，这么冷的天气里喝上一碗热气腾腾的腊八粥的习俗已经有1000多年历史啦！腊八粥的用料十分讲究：两黄米（小米、黄米），两白米（大米、江米），两豆（红小豆、绿豆），两果仁（核桃仁、杏仁），两干果（小枣、葡萄干），外加菱角米、栗子米、花生米、榛子仁、松子以及白糖、红糖、乳董（牛奶、香菇）等加水熬煮。高手熬出的腊八粥不但好吃，而且好看。腊八粥延续至今，用料又增加了多种，如桂圆、莲子、百合、枸杞、冰糖、紫米、香米、薏仁米等。名称也由原来的"腊八粥"变成了"八宝粥"，现如今大家在超市里就能很方便地买到啦！

2. 分享感受，提出问题

师：看完这个视频，大家想不想自己动手制作一次腊八粥？关于制作腊八粥，你还有什么疑问吗？

生1：腊八粥如何制作呢？

生2：要买哪些食材呢？

生3：老师，现在超市里面就有现成的八宝粥卖，直接就能买到了。

师：大家提出的疑问都很有意义。第一个问题是腊八粥到底怎么制作呢？如今超市里有现成的八宝粥卖，我们为什么还要自己做呢？到底应该"买着吃还是做着吃"是咱们提出的第二个很有价值的问题。在接下来的这段时间里，就让我们带着这两个问题，经历完整的长程学习，围绕腊八粥开展本次项目式学习，感受劳动的价值与数学的魅力。

任务 2：网络查询，收集整理资料

师：我们先来解决第一个问题，腊八粥如何制作？要买哪些食材？结合你的学习经验，要想知道这些问题的答案，我们可以怎么办？

生1：问爸爸妈妈。

生2：上网查找资料,更加专业。

师：根据你在信息技术课上学习的知识,你觉得我们可以怎样收集资料呢? 如果大家查找的资料比较相似,不够全面和丰富怎么办?

生1：在浏览器中输入关键词。

师生共同梳理关键词：什么是腊八粥、腊八粥的配料、腊八粥的制作方法、腊八粥的营养价值等。

生2：把收集来的信息进行分类整理,我们已经学过了如何制作 PPT,可以用 PPT 的形式进行汇报,分享自己找到的资料。

出示查找资料任务要求：

（1）选择自己感兴趣的关键词,独立查找资料并制作 PPT。

（2）以小组为单位,分享自己找到的资料,互相交流与补充。

学生活动,全班汇报分享。

师：听了大家的汇报,关于腊八粥,你有了哪些了解?

生1：腊八粥是我国传统的腊八节食物,不同地区的配方有些不同。

生2：腊八粥营养又美味,广受大家喜爱,我们能很方便地在超市里买到加工好的腊八粥。

生3：我了解到了腊八粥的配料各地不同,但是制作腊八粥的基本烹饪步骤和方法是相似的。

任务 3：同伴合作,设计实践方案

1. 小组合作,设计劳动流程

师：感谢各位同学的分享交流。网络资源真强大啊,我们要善于通过筛选、收集、整理来获取需要的信息。现在你会制作一份营养美味的腊八粥了吗? 小组内互相交流想法。

小组活动、分享交流。

小组1：我们小组把煮腊八粥的流程主要分为了泡、煮、调味 3 个步骤。下面是我们列出来的煮粥流程以及各个环节预计需要的时间。

小组 1 作品

小组2:我们小组煮粥的环节和他们差不多,但我们想到煮完粥之后要准备餐具,分装给家人,最后还要把厨房打扫一下,因此我们最后加上了这两个环节。

制作腊八粥的必备流程(分点描述):

设想步骤	预计时间
洗材料	5分钟
泡米	2分钟
淘米	2分钟
泡红豆	60分钟
泡花生	60分钟
洗花生	30分钟
煮粥	90分钟
准备餐具	5分钟
清洁厨房	15分钟

预计总时间:269分钟

小组2作品

小组3:我们小组画出了这样的流程图,煮腊八粥的过程主要分为两大环节,第一步是准备食材,泡、清洗、去核、去皮等,第二步就是煮食材。

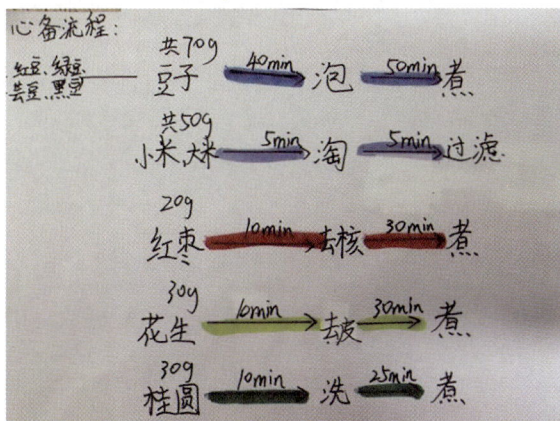

小组3作品

2. 围绕问题,设计实践方案

师:有了计划就要有行动,这周末咱们就要去购买食材了。要想解决到底是"买着吃还是做着吃",我们在购买食材的时候还需要调查什么呢?

生1:要调查超市里面各大品牌八宝粥的价格,看看哪种更划算。

生2:光知道价格是没有办法直接比较的,因为我们自己做的八宝粥和超市里卖的重量是不一样的,所以也要考虑重量。

生3:所以我们要统计自己购买各种食材时的重量和价格。

生4:因为我们在超市里买的食材不一定全都用完,所以我们要称量我们实际使用的食材的重量,算出实际花费的价格。

师:根据大家的讨论,要想解决"买着吃还是做着吃"这个问题,需要我们各位"小厨神"在采购食材时,完成"小厨神"的一日采购记录单以及"小厨神"的市场调查表。

表1 "小厨神"的一日采购记录单

商品名	单价(元/500g)	重量(g)	此项花费

表2 "小厨神"的市场调查表

品牌名	主要配料	每份重量(g)	每份价格(元)

【分析点评】

一、主题的引入具有驱动性

在设计项目式学习时,要避免项目活动看上去设计得很热闹,但是学生参与兴致并不高的现象。项目式学习不是简单的活动,而是严谨的学习设计。本阶段的学习活动设计,目标指向明确,主题的引入有较强的驱动性。学生探索知识需要动力,教师利用视频进行情境导入,介绍历史悠久的腊八粥,揭示课题,激发学生开启探究主题活动的兴趣。在学生刚接触腊八粥这个话题时,先带领学生了解腊八粥的历史与发展,感受中华传统文化的魅力,并引出其中一个核心问题"如何制作腊八粥";同时视频中还提到了现如今人们在超市里就能够方便地买到八宝粥,从而引发学生提出另一个核心问题"买着吃还是做着吃"。学生在两个核心问题的驱动下,开展接下来的研究。

二、技能的学习具有自主性

在利用网络查找资料的过程中,首先大家共同讨论了需要搜索的"关键词",并且自主使用了信息课中学习到的查询资料的方法。接着,在学生收集资料的基础上进行小组合作交流,总结学习到的制作腊八粥的方法,从而进一步设计出初步的劳动流程。学生在生生交流、生生合作中自主学习劳动技能,了解制作腊八粥的相关内容。

三、方案的设计具有探究性

项目式学习要注重让学生经历分析问题、探索问题的历程,不能只动手不动脑。如果只让学生按照流程操作,只提供样本供学生参照,学生收集信息后美化呈现,那么这些都是浅层的学习,并没有改变机械、低阶、被动接受的实质,只不过从动脑的机械化变成了动手的机械化而已。[①]

学生设计了各自的劳动流程后,教师引导学生围绕“买着吃还是做着吃”这一核心问题,思考购买食材时要做哪些实践调查,在逐层深入的讨论中、在教师智慧启发的对话中,学生初步形成了实践调查的方案。在此基础上,教师顺其自然地出示两张调查表格,激发了学生主动调查、记录研究的探究兴趣。

阶段二:动手实践,优化劳动过程（2课时）

【教学目标】

（1）初步掌握基本的家庭饮食烹饪技法,制作简单的腊八粥,进一步增强生活自理能力和家务劳动能力。

（2）学会制定劳动方案,发展初步的筹划思维,形成必备的劳动能力。

（3）在称重食材、统筹优化方案、运算解决问题等学习活动中,发展学生的运算能力和应用意识。

【教学准备】

实地采购,家庭烹饪,演示课件。

【教学过程】

任务 1:市场调研,选择购买食材

1.“小厨神”的一日采购

学生根据自己设计的腊八粥配料,在父母的陪伴下前往超市采购。在购物时,记录购买的商品和相应价格,核算实际花费的总钱数。

表1:“小厨神”的一日采购记录单

商品名	单价（元/500g）	重量（g）	此项花费
红豆	8元	500g	8元
糯米	3.5元	500g	3.5元
黑米	5元	500g	5元
莲子	50元	200g	20元
桂圆	80元	100g	16元
花生米	8元	500g	8元
红枣	6元	200g	2.4元

表1:“小厨神”的一日采购记录单

商品名	单价（元/500g）	重量（g）	此项花费
绿豆	5.99	50	0.6元
莲子	56.8	50	5.68元
桂圆干	13.8	100	2.76元
蜜枣	7.68	100	1.5元
大红豆	11.8	500	11.8元
糯米	5.48	1000	10.96元
紫薯米	11.9	500	11.9元
百合干	36.8	100	7.36元

---

① 夏雪梅.项目化学习设计:学习素养视角下的国际与本土实践[M].北京:教育科学出版社,2018:16.

2.“小厨神”的市场调查

学生在超市调查各大品牌八宝粥的价格、每份重量、主要配料,并记录在调查表中。全班分享交流“小厨神”的市场调查表。

师:大家在市场调查表里都记录了很多种不同品牌的八宝粥的价格情况,你们为什么要调查这么多种不同的品牌?

生1:我是这样想的,要想解决“买着吃还是做着吃”这个问题,只调查一种品牌的八宝粥是不够的。

生2:我还有补充,如果我们自己做得比市场上最便宜的八宝粥还要划算,结论会更有说服力。

生3:调查的种类多一些,我们就会有更多可以参考的数据。

师:看似简单的调查记录背后,还需要深刻的思考,大家真了不起!

任务2:统筹安排,优化劳动过程

1. 对比启发

出示:

师:这是两个小组之前设计的流程图,你觉得这两幅图在流程上有什么不同?

生1:第一幅图泡豆子是一起泡的,第二幅图泡豆子是分开泡的。

生2:第二幅图煮粥时是所有食材一起煮的,第一幅图里的红枣、花生、桂圆是分开煮的。

师:是啊,不同的流程让这两个小组煮腊八粥的总时长不一样。如果我们想尽快让家人喝上美味的腊八粥,该怎么办呢?

小组讨论:如何优化劳动流程,缩短制作腊八粥的时间?

小组 1：我们小组用这样的思维导图的形式来说明。原先分为了"泡""淘""去核""去皮""洗"这样的准备环节，经过讨论，我们发现在"泡"的同时可以进行"淘""洗""去核""去皮"等过程，所有食材准备好后，可以根据食材需要煮的时间先后加入，最难煮熟的最先放。

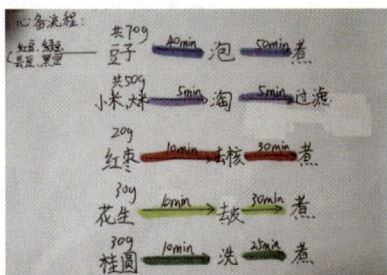
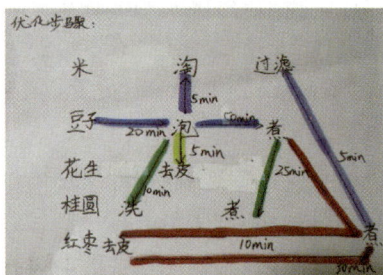

小组 1 作品

小组 2：我们小组在原来的流程上是这样调整的。首先是清洗所有的材料，而后淘米、泡豆子这些流程是同时进行的，最后煮粥、准备餐具、清洗厨房这些事情可以同时进行。

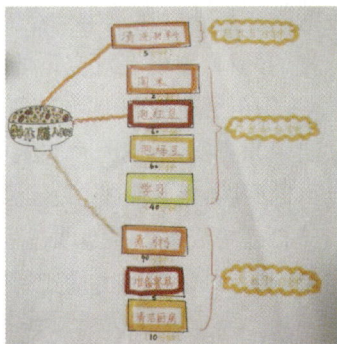

小组 2 作品

师：这个小组的优化安排，还有什么特别之处？

生：我发现他们等待煮粥的过程中还安排了学习。

师：真是减负增效、科学节省时间的方案，统筹兼顾了学习与劳动，大家都是学以致用的小达人。通过刚才的讨论，你觉得缩短时间的关键是什么？

生 1：能同时做的要同时做。

生 2：同时做就能节省时间。

生 3：我觉得劳动也应该像做数学题一样，在劳动之前，要先考虑好做事情的顺序，提高效率。

任务 3：实施方案，制作腊八粥

学生根据优化后的劳动方案，回家后自己动手制作腊八粥，用图片、视频等方式记录过程，同时记录所用时间，上传过程性资料到班级 QQ 群相册。

🔍 **【分析点评】**

一、将"思维"融入活动

在真实世界中解决问题是多样的实践组合，而不是一组孤立的探究流程，需要学生以积极的思维状态参与到解决问题的过程中。在本阶段的教学中,市场调查之后引导学生思考为何大部分同学要调查多种品牌的八宝粥,直击调查的原则——只有提供一定量的数据,调查结果才有可参考的价值。在优化方案过程中,鼓励学生通过思维导图的形式厘清思路,让思维可视化。最后,讨论完如何优化方案之后,进一步追问"通过刚才的讨论,你觉得缩短时间的关键是什么",启发学生用数学的思维思考问题,即在劳动之前,要先考虑好做事情的顺序,提高效率,体悟到生活中处处充满着思维的智慧与快乐。

二、让"网络"发挥优势

在课程开设过程中,教师能自觉进行资源的开发和积累,初步建立课程资源收集、分类、管理的常态机制,QQ、微信等社交平台为学生提供展示或积累课程资源的场所,提升了学生收集与处理信息的能力,使主要劳动过程可视化,强化了课程的评价与管理。

在此基础上还可以进一步整合课程过程性素材,编写学生活动手册,撰写教师活动指导手册,对活动过程进行全方位的记录与指导。这对教师的专业成长也将起到促进作用,进一步提升教师的课程开发与实施能力。

三、把"实践"贯穿始终

本阶段的教学是建立在学生已经完成市场调查表以及一日采购记录单的基础之上的,学生对腊八粥的配料、市场上八宝粥的价格情况等都已经有了一定的了解。在本阶段教学之后,要求学生根据优化后的劳动方案,回家后自己动手制作八宝粥,并记录劳动的时间,又再次为后续研究积累实践经验,从实践中来,回到实践中去。也许有时我们可以借助别人的经验解决自己的问题,但真正的"最佳路径"是在亲身实践中不断调整、不断反思、螺旋上升,最终获得属于自己的成果。在实践过程中获得的感受对于知识的形成、技能的提升、情感的体验至关重要,甚至可以起到由量变到质变的作用。

阶段三:对比分析,体悟劳动价值(1课时)

🔍【教学目标】

(1)通过解决生活中的实际问题,掌握购物过程中常见的数量关系,会合理选择计算策略解决问题,培养学生的应用意识和运算能力。

(2)通过对比数据、分析说理等活动,正确理解劳动对于个人生活、家庭幸福的意义,懂得劳动创造美好生活的道理。

🔍【教学准备】

学习单,演示课件。

🔍【教学过程】

任务1:对比费用,体悟经济价值

1. 谈话引入,揭示主题

呈现学生制作腊八粥的图片、视频等,学生分享劳动感受。

师:同学们,前段时间我们都化身为一名"小厨神",不仅学会了如何制作腊八粥,还能够

合理高效地安排劳动过程。目前我们还剩下一个重要的问题没有解决,到底是"买着吃还是做着吃"呢? 今天就让我们一起围绕这个话题来展开讨论。

2. 自主研究,解决问题

交流"小厨神"腊八粥配料成分及费用表和各品牌八宝粥的市场调查表。

师: 根据这两张表格的信息,想一下到底在家里做腊八粥划算,还是直接买包装好的腊八粥划算呢? 先独立思考,再在小组里交流自己的想法。

表3　"小厨神"腊八粥配料成分及费用表

配料	使用重量(g)	此项费用(计算器计算)

本次制作成功的腊八粥的总重量(g):

本次制作的腊八粥实际总花费(计算器计算):

表2　"小厨神"的市场调查表

品牌名	主要配料	每份重量(g)	每份价格(元)

生1: 我是这样比较的。价格÷重量=每克的价格,分别算出5种不同品牌的八宝粥以

及自己制作的腊八粥每克是多少元。我发现自己制作的和超市买的比较便宜的八宝粥价格差不多。

生1计算过程

生2：我是通过估算来比较的。超市里中等价位的银鹭、娃哈哈八宝粥每100克分别大约是1.125元、0.95元，而我自己做的每100克大约是0.67元，很显然，我自己做的八宝粥更便宜。

生2计算过程

师：同学们在比较的过程中，有的是精算，有的是估算。这两种方法看似不同，过程中有相同的地方吗？

指出：比较时，要统一比较标准才能得出结果。

师：回顾解决这个问题的过程，你有什么想说的？

生1：要真正通过运算去比较，才能有说服力。

生2：运用数学的方法去分析数据，能够帮助我们解决生活中的问题。

3. "做着吃？买着吃？"大讨论

师：回顾我们劳动、调查、比较的全过程，想一想，你到底是选择在家里自己做腊八粥，还是直接在超市买现成的呢？把你的想法写下来，再在小组内交流。

生1：根据我的计算结果，我自己做的腊八粥每克只需要0.006元，明显比超市的八宝粥便宜，所以我会自己在家里做腊八粥。

生2：老师，我自己做的八宝粥和超市里的差不多贵，甚至还比最便宜的贵。我对比了一下自己做的和超市里卖的八宝粥的配料，像好品牌的紫米、燕麦这些价格比较高的配料，超市里便宜的八宝粥里并没有。我自己做的八宝粥虽然价格并不便宜，但是食材丰富，也很浓稠，营养价值更高，我还是会自己做。而且现成的食品中存在一定的添加剂，不是很健康。

师：自己劳动不仅更加优惠，还能使我们的生活更健康。

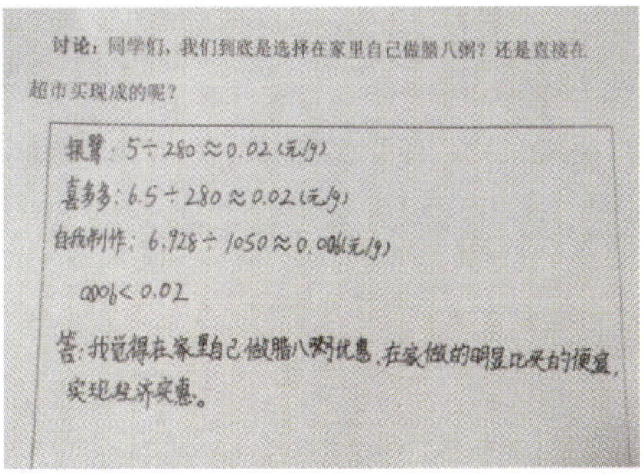

讨论：同学们，我们到底是选择在家里自己做腊八粥？还是直接在超市买现成的呢？

银鹭：5÷280≈0.02（元/g）

喜多多：6.5÷280≈0.02（元/g）

自我制作：6.928÷1050≈0.006（元/g）

0.006<0.02

答：我觉得在家里自己做腊八粥优惠，在家做的明显比买的便宜，实现经济实惠。

生 1 解答过程

讨论：同学们，我们到底是选择在家里自己做腊八粥？还是直接在超市买现成的呢？

我觉得自己做的更好，因为价格虽然相差不大，但营养价值更高，材料都比同等价格的好，并且一碗更丰富，而购买的都有防腐剂。

计算 购买的：

4.5÷360≈0.013（元）

4÷360≈0.011（元）

3.8÷360≈0.011（元）

3.5÷360≈0.010（元）

6.5÷280≈0.023（元）

自己制作：

14.4÷1200=0.012（元）

生 2 解答过程

生 3： 我有不同的想法，我觉得要看情况。这次我自己做粥，发现熬制时间很长。假如没有时间，我会选择买现成的八宝粥。

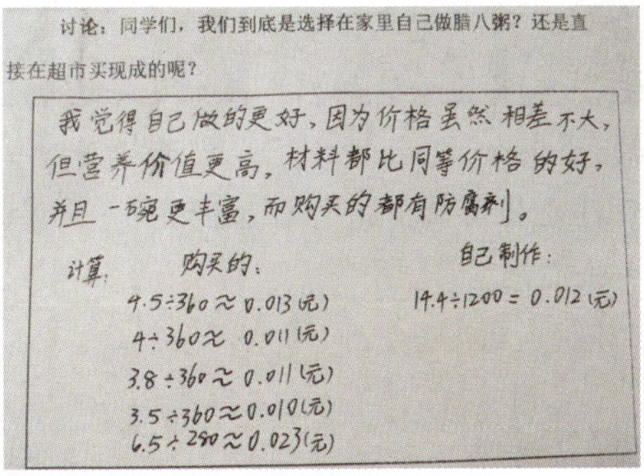

生 4： 我们可以每天早起一会儿，给自己做一碗八宝粥，在等待粥熟的过程中可以去洗漱，利用早上黄金时间背背书，这样可以让身体健康，身心愉悦。

讨论：同学们，我们到底是选择在家里自己做腊八粥？还是直接在超市买现成的呢？

元气秘笈：6.5÷280≈0.023（元/g） 准备：10+20=30（分钟）

银鹭：4.5÷360=0.0125（元/g） 煮食材：40分钟

自我制作：7.15÷723≈0.01（元/g） 煮粥时间：1小时

0.01<0.0125<0.023 一共：30+40+60=130分钟

合：2小时10分钟

买现成的：去+回共30分钟

2小时10分钟 > 30分钟

答：我觉得还是买现成的好。因为自己做的时间比买的时间长好多，而且食材和现成的价格也相差很小。

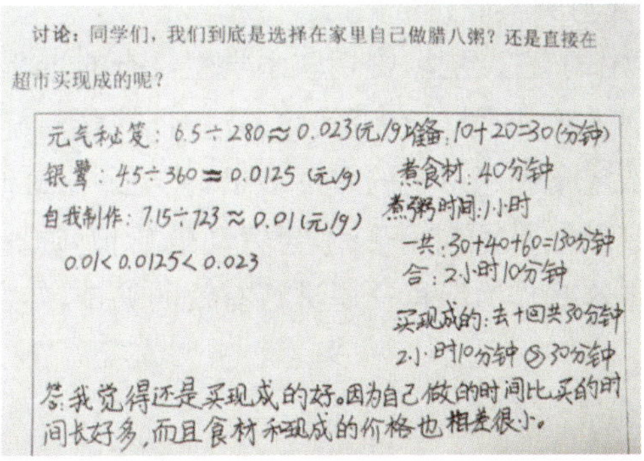

生 3 解答过程

师： 如果我们能够做到合理分配时间，勤于劳动、享受劳动，就会让生活更美好。

任务 2：对比配料，体悟人文价值

出示、对比两位学生的腊八粥配料。

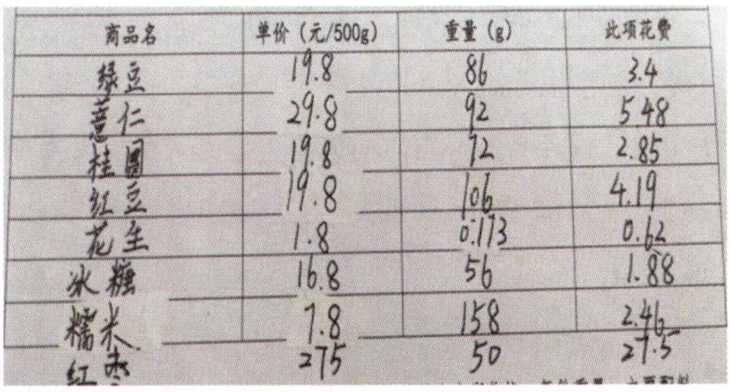

商品名	单价（元/500g）	重量（g）	此项花费
绿豆	19.8	86	3.4
薏仁	29.8	92	5.48
桂圆	19.8	72	2.85
红豆	19.8	106	4.19
花生	1.8	0.173	0.62
冰糖	16.8	56	1.88
糯米	7.8	158	2.46
红枣	275	50	27.5

生 1 的腊八粥配料

商品名	单价（元/500g）	重量（g）	此项花费
糯米	7.90	684	10.8元
黑糯米	13.60	716	19.47元
长豇豆	30.00	208	12.48元
白芸豆	34.00	216	14.68元
绿豆	16.00	306	9.79元
红豆	13.80	732	20.20元
小米	5.40	500	5.40元
大米	4.85	500	4.85元

生 2 的腊八粥配料

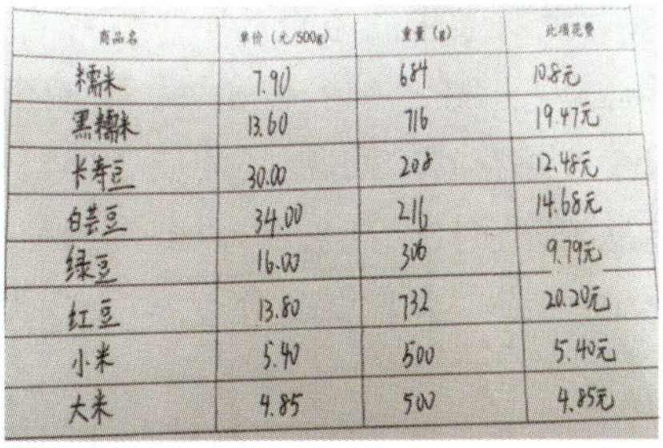

师： 老师发现左边的腊八粥既有红枣又有桂圆，还放了冰糖，右边的腊八粥里没有加糖，为什么呀？

生1: 因为我爱吃甜食。

生2: 家里的爷爷奶奶年纪大了,医生建议少吃甜食。

师: 原来如此,劳动给了我们选择美味的自由,也给了我们关怀家人、关心他人的机会。你的配料表背后又有着什么原因呢?

全班交流。

🔍【分析点评】

一、注重学生主动实践和开放生成

数学综合与实践活动是"以人为本"的课程、以"儿童为中心"的课程,儿童是动态发展的人,随着儿童在活动过程中的发展,教师要随时调整课程,使之与儿童的发展相匹配。在解决"买着吃还是做着吃"这个问题时,出现一个让老师意想不到的情况,学生提出来还需要考虑制作腊八粥的时间因素。这样的意料之外正是在学生主动实践的基础上真实产生的,此时,教师力求打造开放的课堂生态,肯定学生的思考,同时也进一步引发学生产生更深层次的思考,加深学生对劳动价值的认识。

二、注重学生直接体验与真实表达

本阶段的教学基于学生的直接经验,密切联系学生已有的生活体验,学生才能在课堂上有真话可说,有真问题可问。比如,学生在真实体验过市场调研、劳动实践等过程后,真实提出疑问:为什么自己做的八宝粥和超市里的差不多贵,甚至还比最便宜的贵? 这是基于自己真实的亲身体验提出的真问题,从而进一步体会劳动的价值,原来自己做的腊八粥营养丰富、更加浓稠。教师及时将这些作为课程资源进行有效的编排,使之成为学生开展综合与实践的体验性活动。

三、注重课程多元评价和综合考查

本阶段实践中含有两处对学生活动的评价。一处是从劳动成果上对学生进行集体评价。呈现学生制作腊八粥的过程图片、视频等,学生分享劳动感受,用分享的方式积极评价了每一位学生的劳动成果。另一处则是从劳动价值上引导学生进行自我反思与评价。让同桌之间互相交流"你的配料表背后又有着什么原因呢",积极引导学生反思与评价自己与他人的学习过程,促进学生实践能力、劳动素养、人文情怀等方面产生新的发展。

从解决"买着吃还是做着吃更划算"到"买着吃还是做着吃大讨论",看似相似的两个问题,实际上对学生的考查从单一到综合。前一个问题,学生只需要关注两者花费的差异,用数学运算直接能解决。但是"买着吃还是做着吃大讨论"就是对学生的一次综合考查,学生不仅要考虑花费的问题,还需要考虑营养价值、时间成本等其他因素。整个过程考查学生获取信息的完整性与准确度,以及沟通与表达、合作与交流等多方面能力。学生在完成任务的过程中,势必要多角度综合考虑,逐步提高综合素养。

阶段四:拓展延伸,传承劳动文化(1课时)

📖【教学目标】

(1)通过操作实验,感受并传承中华民族源远流长的劳动文化。

（2）通过绘制图表、分析现象等活动,初步学会用数学的眼光观察现实世界,并能够解决现实生活中的问题。

【教学准备】

植物种子,研究单。

【教学过程】

任务1:操作实验,传承劳动文化

师:一碗碗美味的八宝粥里面,有一粒粒美味的豆子,这些豆子是怎么来的呢? 美味的食物都来源于一颗颗种子,离不开劳动人民的辛勤劳作。劳动精神是中华优秀传统文化的延续传承,自古以来就流淌在中华民族血脉之中。你能想到我国古代哪些伟大的劳动成果?

生1:四大发明。

生2:地动仪。

师:一部《诗经》礼赞劳动人民,"四大发明"凝聚劳动者的智慧。"春夏耕耘,秋冬收藏;昏晨力作,夜以继日。"也正因如此,博大精深、辉煌灿烂的中华文明在生生不息的中华民族的辛勤劳动中诞生。让我们也亲手种下植物的种子,勤于劳动,细心呵护,传承劳动文化。

任务2:观察记录,延伸劳动价值

要求:选用喜欢的豆子或者其他蔬菜进行种植,并用自己喜欢的数学图表的方式记录植物每天的生长情况以及芽的长度,也可以隔一天观察记录一次。

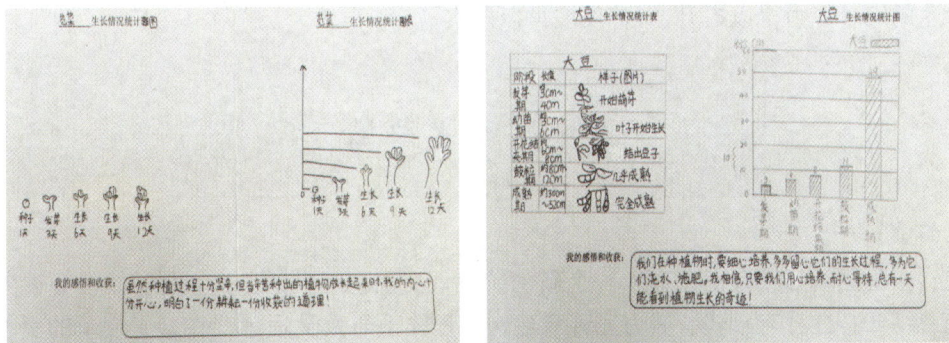

小结:在延伸的"种植实践活动"中,同学们大胆实践。虽然在种植过程中充满了不确定性,但也正是这些不确定性,让大家对种植中的数学秘密充满了无限的好奇与欢乐。

（本项目由南京市建邺实验小学分校魏婵老师执教）

【案例分析】

一、育人导向,在长程学习中提升素养

劳动教育是一个长期性的发展课题,需要在长期的社会实践和日常生活中磨炼达成。在2022年版数学课标中,数学综合与实践内容提倡项目式学习,项目式活动的设计也提倡多学时的长程学习。因此,本项目整体设计安排多课时学习内容,将培养学生的核心素养贯穿项目实施的全过程,引导学生在活动中完整经历主动参与劳动、查阅资料、深入思考、得出结论、回顾反思等学习过程,促进学生劳动实践经验不断深化、数学思维不断进阶,从而更进一步提升实践能力和社会责任感,成为懂劳动、会劳动、爱劳动的新时代小主人。

二、主题沉浸,在亲身实践中体验快乐

学生真正成为活动的主人,自觉沉浸在项目任务中,可以自由设计劳动方案,决定市场调查的内容,自行制作腊八粥,自主对话题进行探讨,对劳动的意义也有了新的认识和体验。学生在劳动实践中发现并提出问题,通过自主实践、小组合作、查阅资料、调查分析等方式进行探究,切实获得参与感,体验劳动的快乐、数学的魅力,提升学习价值认同感。

三、主动探究,在解决问题中领悟价值

融合到数学项目式学习的劳动,需要关注学生的生活实际,在充分经历劳动实践过程后,结合数学的调查研究、运算说理,切实解决学生"到底在家里做腊八粥划算,还是直接买包装好的腊八粥划算""怎样缩短制作腊八粥的时间"等真实问题,通过一个个问题的解决,体会数学知识的价值,同时结合数学运算、劳动过程的回顾,引导学生领悟劳动的经济价值、人文价值等深层意义。

四、学科融合,在丰富活动中发展素养

项目式学习与主题活动相比,最大的区别是项目式学习需体现项目成果。在本项目中,学生制作出的腊八粥可以看作物化的成果,而这个成果离不开数学和其他学科的支撑。例如,上网搜索腊八粥需要的材料及制作方法、采购食材及进行记录、合理规划制作腊八粥的时间、计算制作成本等,需要数学、信息、劳动多学科融合,可见解决现实情境中的真实问题需要运用多学科知识,跨学科学习是必然的趋势。在综合运用多学科知识解决问题的过程中,学生的综合能力得以提升,素养发展得以落实。

案例2 一米菜园

【导读】

当前,我国基础教育正在进入一个新的阶段,已经提出了中国学生发展的核心素养,并以核心素养的发展作为纲领,努力完善和建构课程体系与教学理念。在这一变革的引领下,项目式学习悄然进入我们的视野。项目式学习主要是培养学生在复杂的现实世界中发现问题、解决问题的能力。而在解决问题时,学生所要运用和涉及的知识与能力是极其多样和丰富的,教师并不会按照学科体系把问题梳理好让学生一一思考。因此,用跨学科的学习方式开展学习就显得尤为重要。2021年,南京致远外国语小学乐山路分校将学校楼顶的农场建设成为学生跨学科学习的平台,在这个平台上尝试进行项目式学习以及主题式学习,通过学习培养学生在复杂情境中解决实际问题的能力。

"一米菜园"项目以"如何在楼顶农场成功种植蔬菜"作为核心问题来驱动学生开展学习。在学习过程中,涉及的学科知识有数学、科学、语文、劳动等。同时,根据本项目所涉及的学科内容与知识点(见图2-3),学校组建了由数学老师、语文老师、科学老师、劳动老师组

成的项目指导团队。根据项目所需的知识储备和学生能力水平,本项目开展年级选择四年级。

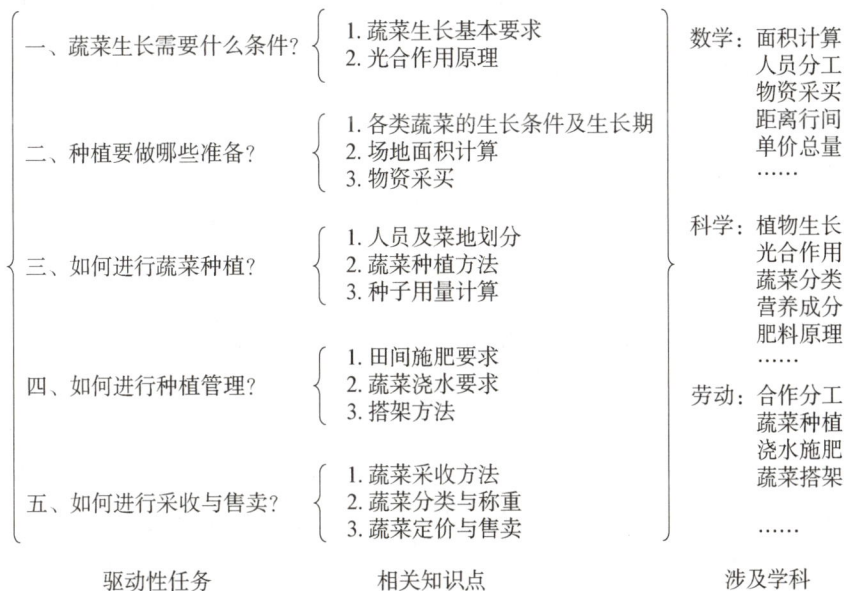

| 驱动性任务 | 相关知识点 | 涉及学科 |

一、蔬菜生长需要什么条件? { 1. 蔬菜生长基本要求 2. 光合作用原理

二、种植要做哪些准备? { 1. 各类蔬菜的生长条件及生长期 2. 场地面积计算 3. 物资采买

三、如何进行蔬菜种植? { 1. 人员及菜地划分 2. 蔬菜种植方法 3. 种子用量计算

四、如何进行种植管理? { 1. 田间施肥要求 2. 蔬菜浇水要求 3. 搭架方法

五、如何进行采收与售卖? { 1. 蔬菜采收方法 2. 蔬菜分类与称重 3. 蔬菜定价与售卖

数学:面积计算 人员分工 物资采买 距离行间 单价总量 ……

科学:植物生长 光合作用 蔬菜分类 营养成分 肥料原理 ……

劳动:合作分工 蔬菜种植 浇水施肥 蔬菜搭架 ……

图2-3 "一米菜园"项目

在项目式学习的初期,组织学生根据核心问题展开讨论,根据讨论情况对学生进行分组,每个小组建立后围绕核心问题设计解决方案,然后根据方案进行组内分工,并分步实施。针对实施过程中出现的问题进行讨论、修正、评价和反思。本项目的教学流程和课时设计如表2-6所示。下面将主要呈现"成果的评价"教学过程。

表2-6 "一米菜园"项目的教学流程和课时设计

环　节	内　　容	课　　时
问题的提出	围绕如何在楼顶农场成功种植蔬菜开展讨论,提出解决问题的初步设想	1课时
学习与调查	根据设想开展学习,收集资料,请教专业人员,实地参观学习	1~2课时
方案的设计	根据初步设想完成分组,进行方案设计,并交流讨论	1课时
过程的实施	根据方案,各小组开展种植活动,完善设计方案	4~5课时
成果的评价	对种植的成果进行评价和反思	2课时

一米菜园(1)

🔍【教学目标】

(1)通过本项目学习,学生体验种植过程,并进行项目式学习阶段反思,开展小组交流,运用多学科知识,对项目进行科学、合理的评价。

---

(2) 培养学生的探究能力、沟通能力、反思能力，并能结合反思改进项目。

(3) 培养学生的劳动意识以及对未知问题的探索精神。

【教学准备】

各类种植蔬菜成熟后的重量、价格。

【教学过程】

一、项目回顾

小组围绕项目任务，介绍前期一个多月已开展的学习活动。

> **项目任务：在一块菜地上你能种多少菜？**
> 比赛规则：
> 1. 菜地大小：1米×1米的正方形
> 2. 种植时间：5月7日—6月17日
> 3. 资金限额：100元

师：从刚才大家的汇报中，可以看出这一个多月的时间里，同学们在这个项目式学习上的准备、设计、探究、实践过程以及大家的一些思考，下面我们要进行这个系列项目式学习的一个重要环节——评价与反思。

二、项目评价

1. 讨论评价标准

师：说到评价，同学们应该深有感受，比如语文课、数学课学完之后一般是怎样评价你学习的成果的呢？今天我们也要进行"一米菜园"种植的评价，但是我们今天的评价和平时的作业评价不一样，评价者不是老师，而是你们自己，如何评价也由大家决定。

学习任务一：小组讨论，"一米菜园"项目你想怎样评价？

汇报交流评价方法。

小组1：从种植出的蔬菜产量多少进行评价。

小组2：从种植出的蔬菜收益多少进行评价。

小组3：从其他方面表现综合评价。

师：虽然同学们都提出了各自的评价方案，而且都有自己的道理，但我们得确定一个统一的评价标准。你们选择哪种方式评价？

学生讨论，确定评价标准：从种植出的蔬菜收益多少进行评价。

师：用这个标准对本小组的种植成果进行评价，如果小组觉得有困难或疑问，可以提出来，我们一起来讨论。

生1：菜还没有长大，又不能拔，怎么估算重量？

生2：知道了重量，但不知道各种菜的价格怎么办？

师：根据提出的预估问题，你们有什么解决的办法？

学生讨论。

生1：有的菜虽然还没有长大，但我们在之前的比赛规则里讲得很清楚，这个项目6月17日我们要进行成果评价，比赛就要公平，不管有没有长大，你只能采摘进行统计。

生2：对于各类菜的重量，我们采摘后进行称重，请老师提供各类蔬菜昨天的市场价。

2. 实施项目评价

学习任务二:在组长带领下,各小组对自己种植的蔬菜进行采摘称重后,核算种植成果。

名 称	元/千克	名 称	元/千克	名 称	元/千克
鸡毛菜	3.5	黄瓜	5.8	花生	5.5
青菜	4.0	茄子	6.0	辣椒	6.0
生菜	5.5	丝瓜	6.5	西红柿	3.0
油麦菜	4.0	萝卜	3.8	空心菜	3.5
韭菜	4.5	黄豆	5.0	苋菜	4.0

小组活动、汇报。

师:刚才各小组都对自己组种植的蔬菜进行了采摘核算,算出了蔬菜的价值。想一想,下一步我们还要怎么做?

生1:看哪组种植的蔬菜价值最高。

生2:我不同意,还要考虑种植成本,用蔬菜价值减去成本才是我们的收益。

师:你同意谁的看法?为什么?

学生同意生2的意见,进行成本统计。

师:刚才各小组都统计了成本,进行了收益的计算。接下来小组交流收益情况,最后为每个小组的种植情况进行投票。

学生交流、互评。

三、总结提升

师:通过这节课的学习,大家对"一米菜园"项目式学习有什么新的认识和思考?我们下节课继续讨论如何改进。

一米菜园(2)

【教学目标】

(1)通过一段时间的实践,能够清楚地知道合适的阳光、肥料、水分对蔬菜产量有很大的影响。

(2)能够在原来方案的基础上找到问题,实现产品的设计迭代。

(3)通过小组交流与合作,能够合理利用现有资源去实现产量的最大化。

【教学准备】

课件。

【教学过程】

一、面对问题,引发思考

师:上节课我们计算了每个小组"一米菜园"的收益,哪些小组来介绍一下?

小组介绍。

师:你们对自己种植的结果满意吗?请大家回忆一下在整个过程中,有哪些困难和问题是没有解决的?

学生反思交流:蔬菜品种的选择不合适、维护不及时、空间利用率不高。

师:一平方米只能收这么多菜吗?还有没有潜力可挖?如果再给你们一次机会,你们会怎么做?

学生思考讨论。

二、发现问题,讨论方案

师:看来大家一致认为,最大的问题就是如何把这一平方米的上层空间利用起来,也就是立体种植。自媒体时代,其实在网络上也有很多有趣的种植方法。我们来欣赏一些种菜达人的好玩的种植方法,大家比较一下,他们的种菜方法怎么样?

播放视频。

师:为什么视频中的种植方法产量比我们多得多?

生:因为他们充分利用了空间。

师:你学到了哪些利用空间的方法?

生:悬挂、支架、多层、形状、插孔式……

三、解决问题,设计迭代

师:如果下学期我们再来一次"一米菜园"种植,你们能不能根据这些启示来修改自己的方案?看来这是一个大工程,需要好好设计一下。给大家15分钟时间来完成,完成之后我们来交流。

学生完成产品的设计迭代。

学生分组汇报:

四、总结提升

师：看来第一次的尝试是非常有帮助的，在不断尝试的过程中，我们才会发现更优的解决方案。也期待下一次大家的"一米菜园"能够真正做到大丰收！

（本项目由南京致远外国语小学乐山路分校王加林老师、张超老师执教）

【案例分析】

在数学课程改革不断深化的今天，数学学科与其他学科的交叉和融合是发展的必然趋势，交叉和融合的范围也不局限于自然科学领域，在人文社科领域我们一样可以找到共同的话题。因此，数学综合与实践活动必须对学科的融合进行探索和实践，而项目式学习作为一种"以研代教"的新形式，链接课本知识与实际生活应用，具备了其他学习方式所没有的优势，是进行跨学科综合实践的有效路径。

一、基于学生生活，知识多元整合

在项目式学习中，如何体现学科学习的思想、方法及学科素养是关键点。数学核心素养的根本理念是引导学生"会用数学眼光观察世界，会用数学思维思考世界，会用数学语言表达世界"。对学生而言，他们所面对的现实世界是丰富多彩、千变万化的，而不是学科割裂的。数学的学习也绝不仅以会答题、能考试为目标。数学课程和教学应避免人为的封闭，"三会"所指向的数学课程观指导我们为学生提供更加多样化的知识内容、更加开放的知识

结构。在"一米菜园"项目式学习中,学生参与决策种植的蔬菜种类,并考虑自身的饮食需求和兴趣。例如,大部分学生喜欢吃沙拉,选择种植各种蔬菜如生菜、西红柿、黄瓜等。同时学习有关蔬菜的营养价值、种植技术、烹饪方法等知识,并将这些知识与后期种植实践相结合。学生还调查不同蔬菜的营养成分,并记录下来,然后与种植的蔬菜进行对比和分析。通过学习和实践健康饮食的原则,了解不同蔬菜对身体健康的重要性,并尝试在自己的饮食中增加新鲜的有机蔬菜。基于学生生活和兴趣,整合多元化的知识,"一米菜园"项目式学习增强了学生的学习动机和参与度,丰富了他们的学习经验,同时还能帮助学生将所学的知识与实际生活紧密结合起来。除了数学学科的量化与数据分析外,语文学科的语言与文字表达和科学学科的植物种植与气候自然现象等也在这次项目式学习中呈现,这才是真实有意义的学习。

二、凸显学生主体,激发求知欲望

郭芬云教授在对项目式学习的解读中强调:项目式学习的真实性体现在项目的问题上,项目设计要以最终的目标为教学的出发点。学生是学习的主体,学科知识的学习是以学生的需求为根本的。在"一米菜园"项目式学习中,教师承担一个组织者的角色,利用情境引发学生思考:我们如何在顶楼农场成功种植蔬菜?鼓励学生自主学习和探究相关的农业和生态知识,并提供资源和指导,让学生能够通过阅读书籍、观看视频、实地考察等方式,主动获取所需的知识。学生参与菜园项目的规划和设计过程,他们选择要种植的蔬菜种类、确定种植计划、设计菜园布局等。通过参与决策过程,学生能够感受到自己的主导作用,从而更加投入地学习。在菜园中进行实际种植、施肥、浇水、收获的过程中,学生通过实际动手操作,更深入地了解植物的生长过程和农业技术,增强实践能力和学习兴趣。养殖过程中,学生分小组记录每天的气温、降雨量,观察植物的生长情况,收集数据等。通过观察和记录,培养学生的观察力和科学精神,并激发他们进一步探究问题的兴趣。教师还设计延伸与菜园项目相关的问题和挑战,要求学生进行解决和应对,如出现病虫害如何防治、土壤怎样改良、如何保护教学楼屋顶的生态平衡等,鼓励学生进行查询、调研和试验,培养他们的求知欲望和解决问题的能力。

三、尊重学生差异,促进全面发展

在学习中,学生之间的差异是客观存在的,在面对真实情境下的跨学科学习中表现得更为明显。一些学生会展现出扎实的学科知识、优秀的合作意识以及较强的探究能力;同样,也有一些学生可能在这样的学习方式下暴露出学科知识的缺乏、合作意识和探究能力上的不足。面对学生之间的差异,教师在实践学习中要尊重学生,并能科学指导学生学习,扬长避短或取长补短,有效促进学生的全面发展,这才是项目式学习的特色与独有优势。在"一米菜园"项目式学习中,允许学生根据自身的兴趣和学习需求选择项目中的具体任务和角色。有些学生对种植感兴趣,可以负责培育和管理植物;有些学生对设计和建设菜园更感兴趣,主要负责设计和布局菜园的结构。这样,每个学生都能找到符合自己喜好和能力的学习路径。本项目根据每个学生不同的学习方式和偏好,通过提供多种多样的学习资源和方法来支持学生的学习。例如,提供植物种植文字材料、图表和图片供偏向视觉学习者参考,提供菜园设计方案来满足听觉学习者的需求,提供实际蔬菜种植操作来满足动手学习者的需求等。教师还根据学生的个体差异和任务角色设计个性化的评价和反馈机制,通过与小组成员进行定期的交流和反馈,了解小组的项目进展和困难,并提供适当的指导和支持。这样可以让每个学生在学习过程中都能得到个性化的关注和发展。项目式学习是一种尊重学生差异并促进全面发展的教学方式,每个学生都能够在自己感兴趣的领域中发展自己的能力,实现个人潜能的最大化。基于丰富而真实的学习内容,主动探究的学习方法,全面综合的学习成果,项目式学习是发展学生核心素养、面向未来世界的有效学习途径,帮助学生从单纯学习的狭隘、局限和不完整中走出来,经历和体验"完整的生活"。

第三章
数学综合与实践活动过程的实施

第一节　过程的自主性

《义务教育数学课程标准(2022年版)》相关内容：

　　学生的学习应是一个主动的过程，认真听讲、独立思考、动手实践、自主探索、合作交流等是学习数学的重要方式。

　　有效的教学活动是学生学和教师教的统一，学生是学习的主体，教师是学习的组织者、引导者和合作者。

　　儿童对世界的认识不是一次完成的，而是一个不断反复、不断数学化的过程。这个过程，便是综合与实践的过程。[①]综合与实践活动就是以问题为载体的实践课程，重在解决现实问题，借助已经学过的知识和方法，独立思考或与他人合作，自主探索生活中的问题，感悟数学各部分内容之间、数学与生活之间及其他学科的联系。引导学生在生活中学习、在实践中探究、在应用中创新，不断提高综合实践能力。[②]

　　综合与实践解决的是现实世界中的问题，因此不会直接给明数据，所需要的数量关系也不明朗，这就要求学生自主发现解决问题的关键要素，分析要素之间的关系与规律，从而形成方案。整个教学过程基本是学生的自主学习活动，侧重学生的实践操作，注重学生的感知体验。所以，综合与实践的学习方式是实践体验、探究学习、自主学习、合作交流、质疑问难、碰撞辨析等学习方式的有机整合。在教学过程中，我们不可拘泥于向学生进行单纯数学知识的教授，而是要在激发学生学习热情后，引导他们以饱满的学习热情自觉自主地参与到数学实践活动当中，在经历实践过程的基础上发现问题、解决问题，获得成功的体验。

　　波利亚将解决问题分为4个阶段：理解问题→拟定计划→实施计划→回顾与检验。随着学生年龄的增长，实践能力逐步增强，在第二、第三学段综合与实践活动设计中，教师应重视培养学生根据给定目标提出设计思路、制定简单方案的能力，这是发展学生解决问题能力

---

① 陈六一,姚瑶. "综合与实践"的教学挑战及其可行路径[J]. 江西教育,2022(34):45-48.

② 邢艳,董灵. 篮球有"形",研究有"数",学习有"力"[J]. 北京教育(普教版),2022(9):54-55.

的重要组成部分。学生综合与实践领域的学习,不是预先设定好"跑道",而是围绕关注"跑道"跑的动态过程,积累"跑的经验"。[①] 这就需要学生通过综合与实践学习,经历从片面到完整、从无序到有序的发展过程,逐步学会主动运用数学的思维方法去分析涉及多学科的真实问题,综合运用不同学科的知识与方法去解决问题,构建主题式知识结构,发展跨学科思维,形成质疑问难和勇于探索的科学精神。因此,教师可有意识地设计让学生制定讨论计划的活动,引导学生运用观察、探索、实验等方式,亲历问题产生与解决的过程,发挥主观能动性,通过独立思考、自主探索、互动讨论等与同伴的交流与合作,从中积累活动经验,在生生之间的思维碰撞中,积累拟定计划的经验。在这样的过程中,教师可以适时干预,引导学生关注计划的完整性与顺序的合理性,学会从这两个维度进行交流与评价,逐步提升学生思维的全面性和有序性。

学生是学习活动的主体,这一点在综合与实践活动中更为突出。因此,教师应该意识到,综合与实践领域的教学不是简单的知识学习与运用,而是需要教师以问题为导向引领学生在自主探究、合作交流的过程中成长。教师必须明确组织者、引导者、合作者的身份:了解学生内在需求,增加活动的选择性,与学生共同商议后确定活动的具体内容和方式;鼓励并尊重学生,增强学生自主权,提供展现思考过程的机会;为学生创设自由的学习环境,设计开放的活动环节,转变学生学习方式,提升数学能力和素养。

总之,综合与实践活动的实施过程是自主的,在综合与实践的研究过程中,教师要重视学生主体地位的发挥,给学生提供更多发现问题、提出猜想、探索问题解决的过程、验证猜想的时间和空间,灵活调整教学方式,激发学生的创新潜能,让学生在经历发现问题、提出问题、分析问题、尝试解决问题的过程中培养独立思考和自主反思的习惯。[②]

❀ 案例1　入春的标准 　　　　　　　　　　　　•

🔍【导读】

"入春的标准"是教师自行设计的主题活动。在此主题活动中,学生通过对入春标准的调查,气温数据的收集、整理、计算等,经历设计方案、收集数据、整理数据、分析数据的全过程,感受数据蕴含的丰富信息,发展数据意识。同时,也让学生感受到,在研究数学问题时,"用数据说话"是一个重要的原则。通过对各地气温的分析,进一步加深学生对入春标准的认识,锻炼分析数据的能力,以及运用相关数学知识解决问题的能力。本次主题活动耗时较长,学生需要经历一段时间的气温收集过程,并将收集到的气温数据转化成便于交流的表格形式呈现。教师也要对学生调查、记录、呈现数据的过程进行跟踪指导,防止学生出现记录方式不科学、数据记录不准确等影响后续研究的情况。在活动过程中,注意引导学生提出问题,包括从已有数据中可以发现什么,提出相关问题后进一步思考还需要哪些数据等,帮助学生体会:对所在区域进行入春标准的调查只是目的之一,不同区域的数据反馈出的结果不

① 吴立宝,刘颖超.比较视域下的"综合与实践"学习领域解析[J].数学教育学报,2022,31(5):19-23+40.
② 李星云.小学数学"综合与实践"领域教学改进策略[J].广西教育,2022(8):16-19.

一样,这也提示我们要进行更深入的思考。因此,教师要事先准备一些我国不同区域的气温信息,结合学生的研究情况,适时进行补充,引发学生对入春标准更多的思考和感悟。

本主题活动的具体安排如表3-1所示,下面将重点介绍第一、第二课时的教学过程,突出在活动中学习、运用数学知识。

表3-1 "入春的标准"活动安排

主题活动	时间安排	主 要 内 容	目 标
入春的标准	第一课时	"迎春对话:入春了吗?" 了解入春标准,并进行实际运用与分析	了解气候学上的入春标准,运用数学方法探秘入春时间,在实践、思考、设计中感受数学的科学性和奇妙性
	第二课时	"醒春行动:春来了!" 观察并记录本地日平均气温,在整理、比较、计算中深入理解入春的标准。联系不同角度分析,在交流分享中感悟	通过测量、计算、比较、分析等活动,探索本地区入春的时间,在研究中体会数学方法,积累活动经验,发展数据分析观念
	第三课时 (灵活安排)	"探春派对:我和春天有个约会" 综合运用学科知识进行"探春"活动,感受不同学科"入春"常识,培养科学精神	发现校园里的春天,在学科融合中感受不同角度的"春之美",培养寻美、探美、表达美的能力,提升综合素养

迎春对话:入春了吗?

🔍【教学目标】

(1)通过谈话交流了解气候学上的入春标准,在实践与思考中初步感受生活与数学的联系。

(2)运用数学方法探秘入春时间,在整理与计算的过程中理解气候学上入春标准的计算方法,对入春情况进行统计。

(3)在发现规律中感受数学的科学性,在解决问题中感受数学的奇妙性。

🔍【教学准备】

课件,学习单。

🔍【教学过程】

一、联系生活,谈话引入

师:最近天气晴好,春天的脚步似乎越来越近了,老人们常说"入春"了。同学们,你们觉得现在入春了吗?

生1:天气越来越暖和,我穿毛衣都不冷,肯定入春了!

生2:我也觉得入春了,一年分4个季度,第一个季度就是春天。

生3:我看到小区里的花已经开了,所以应该入春了。

生4:一年四季,春天是一年的第一个季节,现在已经2月了,所以入春了。

二、介绍标准,梳理关键

师: 刚才,同学们有的联系感受,有的根据观察,还有的用到了年、月、日的知识,大部分同学觉得现在已经入春了。其实,入春是有"门槛"的!

出示: 根据 2012 年出台的气象行业标准,当候(hòu)平均气温从 10℃ 以下稳定升到 10℃ 以上时,春季就开始了。候平均气温是指连续 5 天日平均气温的平均值。

师: 你是如何理解入春的标准的?

汇报关注。

候平均气温: 古人把 5 天称为"一候",这里候平均气温就是指连续 5 天日平均气温的平均值。如果要确定 2 月 5 日当天的候平均气温,就要把 2 月 1 日、2 日、3 日、4 日、5 日这 5 天的日平均气温相加,再除以 5,得到的平均值就是 2 月 5 日的候平均气温!

日平均气温: 一天 24 小时的平均气温。气象学上通常用一天中 2 时、8 时、14 时和 20 时这 4 个时刻的气温相加除以 4,作为一天的平均气温。这里要注意:气温的读数一般保留一位小数。

三、运用标准,计算实践

师: 如何根据气象学标准锁定入春的准确日期呢? 我们一起用南京市 2022 年的气温数据进行一次模拟研究。

南京市 2022 年 2—3 月部分日期日平均气温表

日 期	每日气温	日 期	每日气温
2 月 15 日	2～5℃	2 月 23 日	−2～9℃
2 月 16 日	1～8℃	2 月 24 日	0～10℃
2 月 17 日	0～3℃	2 月 25 日	2～14℃
2 月 18 日	1～5℃	2 月 26 日	3～19℃
2 月 19 日	−4～5℃	2 月 27 日	8～16℃
2 月 20 日	−2～6℃	2 月 28 日	11～22℃
2 月 21 日	0～8℃	3 月 1 日	4～17℃
2 月 22 日	2～10℃	3 月 2 日	7～17℃

※数据来源:南京市气象局

1. 确定日平均气温

师: 仔细观察,从表中你能得到哪些信息?

生: 我能知道每天的最高气温和最低气温。

师: 由于各种原因,现在已经无法获得 2022 年每日 2 时、8 时、14 时和 20 时这 4 个时刻的具体气温了,只能调查到当时每天的最高气温和最低气温。你觉得我们还可以如何确定每天的平均气温呢?

明确: 日平均气温＝(每日最高气温＋每日最低气温)÷2。

学生根据数据计算日平均气温,并记录在学习单上,完成后全班校对。

2. 确定入春日期

师：知道了每天的日平均气温，要想锁定南京市 2022 年的入春日期，接下来我们可以怎么办呢？

生 1：我们可以从 2 月 15 日开始，依次计算每天的候平均气温。

生 2：从日平均气温看，我觉得没必要从 2 月 15 日就开始计算候平均气温，因为 2 月 15—25 日每天的日平均气温都低于 10℃，那么连续 5 天气温的平均值肯定也低于 10℃。

师：他用到了之前学习的平均数知识来分析。

生 3：我觉得可以从 2 月 26 日开始计算候平均气温，因为 2 月 26 日开始的日平均气温已经超过 10℃ 了，再加上前面 4 天的温度，有可能把平均气温拉到 10℃ 以上。

生 4：我觉得只要从 2 月 26 日开始算到 3 月 2 日就行了，因为这 5 天每天日平均气温都超过了 10℃，它们的平均数肯定能高于 10℃。

师：入春指的是候平均气温超过 10℃ 的第一天，如果直接从 2 月 26 日计算，有可能就错过了准确的入春日期了。通过刚才的交流，相信大家对于从哪天开始计算候平均气温都有了想法，下面我们就开始进一步研究。

小组合作：先确定研究的日期范围，再借助计算器计算。

明确：南京市 2022 年的入春时间是 2 月 28 日。

四、分析标准，理性思考

1. 地理位置对入春时间的影响

师：2022 年 2 月 28 日南京就入春了，可 2022 年北京的入春时间是 3 月 25 日，这是为什么呢？

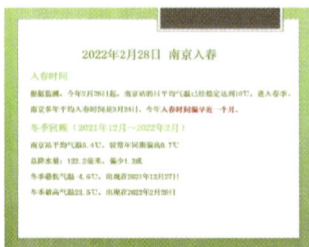

介绍：虽然在日常生活中有很多划分四季的方法，但它们都有些许不足，比如常见的按月份划分的方法，如果把 3 月看作春季，这时候长江流域固然桃红柳绿，一派春光，可是在我国北方的漠河却依然寒风刺骨，冰天雪地，而我国南部的海南岛已经有了夏日的气息。因此，气象工作者研究出一种尽量符合自然景象的四季划分标准，就是我们说的气候学上的这个标准了。

师：观察我国主要城市常年入春时间的统计数据，结合各城市的地理位置，你能得到哪些信息？

我国主要城市常年入春时间

城　市	常年入春日期	城　市	常年入春日期
南昌	3 月 6 日	郑州	3 月 28 日
成都	3 月 7 日	济南	3 月 29 日
武汉	3 月 11 日	西安	3 月 29 日
长沙	3 月 12 日	石家庄	3 月 29 日
贵阳	3 月 12 日	天津	4 月 1 日
杭州	3 月 13 日	北京	4 月 1 日
合肥	3 月 19 日	太原	4 月 5 日
南京	3 月 27 日	兰州	4 月 5 日
上海	3 月 27 日	银川	4 月 7 日

　　明确:最早入春的城市正是"春城"昆明,常年 2 月初,这里就萌生春意。而入春较晚的城市大多在东北、西北地区,普遍要等到 4 月中下旬,最晚的是拉萨,一般要等到 4 月底才入春,比昆明晚将近 3 个月。这也就印证了刚才的报道——由于地理位置的不同,不同城市的入春时间也有所不同,对我国而言,入春的时间一般是按照由南到北的顺序。

　　2. 同一位置入春时间的波动性

　　师:观察南京市从 2000 年到 2022 年的入春时间统计表,在这张表上你又有什么发现?

南京2000年以后入春时间统计数据

　　明确:同一个城市,由于气候的变化,每年的入春时间都会有所调整,南京的入春时间在每年的 3 月左右。但是受到近几年全球气温升高的影响,南京的入春时间也在慢慢提前,这其实也是大自然在向我们发出节约能源、保护环境的信号。

　　五、制定方案,推进研究

　　师:了解了入春标准,相信大家对 2023 年何时入春也很期待吧! 这就是我们接下来要一起进行的研究。

　　小组合作:按照标准,制定计划,简要记录步骤;合理分工,明确任务,梳理注意事项。

　　汇报关注。

日平均气温的测量:亲自测/上网查→方法的多样性。

测量地点:要统一地点,室内/室外→实验的规范性。

六、总结全课,落实研究

师:今天这节课我们一起了解了入春的标准,并用 2022 年的数据进行了模拟实验,还确定了新的研究计划。2023 年的春天到底什么时候能来呢? 我们可以一起在课后收集数据,寻找答案。如果有哪个小组发现了,就来和老师分享! 你也可以在课后继续查阅资料,找一找还有哪些判断入春的方法,我们下一次课继续交流。

🔍**【分析点评】**

一、以入春标准为线索,引发实践活动需要

问题是学习的起源,也是学生掌握知识、形成能力、积累经验的手段。围绕"你们觉得现在入春了吗"展开交流,学生们或联系身体进行感觉,或运用知识进行解释,或观察植物进行判断,从不同的角度提出自己的猜想与分析,由此引出了气候学上的入春标准。交流过程中,学生能用数学的眼光来观察世界、提出问题,利用课堂上学习的知识、技能、方法来研究、解决生活问题。随后,学生围绕入春标准,借助 2022 年 2—3 月南京市部分日期气温统计数据进行计算研究与数据分析。本活动以有"形"的生活问题为抓手,提出问题,引发学生主动参与研究的动力和需求,为自主开展综合与实践活动提供了契机。

二、以数据研究为主线,生成实践活动经验

数学基本活动经验的积累是一个持续不断、循序渐进的过程。活动开始前,教师做好"引导员"角色,引导学生明晰活动要求,明确活动步骤。在公布了气候学上的入春标准后,鼓励学生围绕"标准"展开讨论与分析,在充分理解的基础上,再紧紧围绕研究的内容,开展有效的计算、思考、交流等活动。在确定南京 2022 年入春时间后,研究并没有因此而止步,当教师公布北京 2022 年入春时间后,又引起了学生新一轮的思考。学生们在自主交流中不仅找到了问题背后的原因,还引发了更深层次的思索,从而获得了真切、鲜活的数学活动体验。

三、以自主发展为始终,激发学生实践潜能

知识来源于实践,把获得的知识运用于实践并在实践中巩固和发展,这是一个不断深化的过程。研究的最后又产生了新的问题——2023 年何时入春呢? 学生接着开始了新方案的制定。这个过程中,学生的自主性再一次展现,以小组为单位,按照标准制定计划,完善研究步骤;合理分工明确任务,梳理注意事项。最后的全班交流环节,继续激发学生参与实践的兴趣,为学生自主研究提供更广阔的空间,再一次明确了实验过程的规范要点,不仅提升了学生的学习力和研究力,也为第二课时的自主探究做好了准备。

醒春行动:春来了!

🔍**【教学目标】**

(1) 观察并记录本地日平均气温,在整理、比较、计算中深入理解入春的标准。

(2) 通过测量、计算、比较、分析等活动,探索本地区入春的时间,在研究中体会数学方法,积累活动经验,发展数据分析观念。

(3) 在分享交流中体会统计的作用,感受数学与生活的联系,逐步培养处理信息的能力。

【教学准备】

课件,学习单。

【教学过程】

一、结合数据,确定日期

师:同学们,一眨眼就进入 3 月了,春天真的来了吗? 不少小组都准备好了学习记录单想和大家分享,我们邀请一组同学来和大家汇报自己的研究成果。

汇报关注:两种情况(自己每天测量温度并计算日平均气温和通过上网查阅日平均气温)的小组数值进行比较。

师:大多数小组通过数据收集、整理、计算后找到了 2023 年南京的入春时间是 3 月 4 日,可这两个小组得到的日平均气温和候平均气温的数据略有不同,这是为什么呢?

南京市 2023 年 2-3 月 日平均气温表

日期	日平均气温/℃			日期	日平均气温/℃			候平均数
	高	低	平		高	低	平	
(2)月(15)日	9	0	4.5	(2)月(25)日	9	-1	4	
(2)月(16)日	10	6	8	(2)月(26)日	10	0	5	
(2)月(17)日	9	8	8.5	(2)月(27)日	12	2	7	
(2)月(18)日	13	3	8	(2)月(28)日	15	7	11	
(2)月(19)日	11	0	5.5	(3)月(1)日	17	4	10.5	7.5
(2)月(20)日	14	2	8	(3)月(2)日	15	4	9.5	8.6
(2)月(21)日	5	1	3	(3)月(3)日	15	5	10	9.6
(2)月(22)日	6	1	3.5	(3)月(4)日	20	8	14	11 米
(2)月(23)日	5	3	4	(3)月(5)日				↓入春
(2)月(24)日	10	2	6	(3)月(6)日				

方法:每天查南京气象台网址,看最高、最低 统计人:王莲瑄
气温.(最高+最低)÷2=平均气温

南京市 2023 年 2-3 月 日平均气温表

日期	日平均气温/℃	日期	日平均气温/℃	候平均温度
(2)月(15)日	4.7	(2)月(25)日	3	
(2)月(16)日	9	(2)月(26)日	4	
(2)月(17)日	8	(2)月(27)日	7	
(2)月(18)日	7	(2)月(28)日	12	
(2)月(19)日	6	(3)月(1)日	11	7.4
(2)月(20)日	8	(3)月(2)日	10	8.8
(2)月(21)日	3	(3)月(3)日	11	9.6
(2)月(22)日	4	(3)月(4)日	15	10.2 入春日
(2)月(23)日	3.5	(3)月(5)日		
(2)月(24)日	6	(3)月(6)日		

我的方法:我们小组每人量一天一个时间的气温表,统计人:杨佳远
然后我们求小组的平均值.

明确:测量每日的平均气温,存在误差,没有天气预报的数据准确。

二、围绕数据,深入探索

师:南京的春天来了,其他城市的春天呢? 我们一起看看哈尔滨这半个月的日平均气温,你觉得它入春了吗?

哈尔滨市 2023 年 2—3 月　日平均气温表

日　　期	日平均气温(℃)	日　　期	日平均气温(℃)
2 月 15 日	−14	2 月 24 日	−9.5
2 月 16 日	−10.5	2 月 25 日	−5.5
2 月 17 日	−10.5	2 月 26 日	0
2 月 18 日	−12	2 月 27 日	3
2 月 19 日	−12.5	2 月 28 日	−3.5
2 月 20 日	−13.5	3 月 1 日	−6
2 月 21 日	−9	3 月 2 日	−6.5
2 月 22 日	−7.5	3 月 3 日	−3
2 月 23 日	−9.5	3 月 4 日	1

师:我们再来了解一下去年各城市的入春时间。截至 2022 年 3 月 9 日,我国东南部的一些城市如南京、上海、合肥、杭州、南昌等已经入春了,而北方的哈尔滨还是冬天。古人说,春早春迟自有时,看来哈尔滨离入春还有一些日子呢。

三、联系研究,分享收获

师:通过这一次探春、醒春活动,你有哪些收获或者感受?

生 1:数学课不仅学数学知识,还能帮助我们研究季节中的问题,真有意思。

生 2:研究一个数学问题可以先收集数据,然后分析,最后能得到我们的结论。

四、阅读思考,丰富体验

师:研究期间大家有没有了解到其他有趣的入春标准呢? 如果有,可以先在小组中分享,老师也给大家准备了一些"慧读"书签,上面记录了一些有趣的入春标准。

学生分享、阅读。

入春标准:①迎春花开;②"春雨贵如油",雨水节气的到来也是入春的信号……

五、联系生活,拓展思考

师: 从上个月到现在,我们一起围绕入春的标准进行了研究,有了这次的经验,你还想调查哪些问题呢?

生: 入秋的标准、入冬的标准、日出的标准……

师: 同学们提出的问题都很有研究的价值,课后我们还可以继续像研究入春的标准一样,确定研究问题,了解研究主题,梳理研究材料,制定科学、规范的研究计划,合理分工,一起进行项目研究。

六、跨越学科,分组活动

师: 我也联系了其他学科老师,一起给大家设计了一场"探春派对",同学们在课后也可以继续分小组去体验更多的春日活动!

🔍【分析点评】

一、关注数据收集过程,唤醒研究动力

综合与实践主题活动是学生自主探究、解决问题的过程。开展主题活动研究之前,虽然学生已经在第一课时明确了研究内容、研究方法和研究步骤,但在第二课时中,仍需要教师走进各小组,适时提供指导和帮助。四年级学生已经具备了在课余时间收集气温数据的能力,所以上课伊始,教师将不同小组的气温及结果进行对比,鼓励学生在观察中发现和提出问题。不仅再一次让学生经历了收集数据、整理数据、分析数据、得到结论的完整研究过程,也让学生进一步感受到数学课不仅是学数学知识,还能帮助我们研究季节中的问题,真的特别有意思!好的综合与实践研究内容不一定是教师精心设计的,学生真实的生活经验就是产生数学问题的土壤,学生基于已有经验和实际观察提出的数学问题更能激发他们的探究兴趣,唤醒他们的研究动力。

二、经历数据分析过程,培养成长潜力

在综合与实践主题活动过程中,还要设计探究性问题,不断激发学生的热情。"大多数小组通过数据收集、整理、计算后找到了 2023 年南京的入春时间是 3 月 4 日,可这两个小组得到的日平均气温和候平均气温的数据略有不同,这是为什么呢""看看哈尔滨这半个月的日平均气温,你觉得它入春了吗",这两个问题,引导学生经历了两次数据分析过程:第一次分析从数据收集的科学性和整理规范性出发,第二次分析则从应用角度让学生进行实践,学生对入春标准的确定过程有了更加深刻的认识,有利于学生数据观念的建立与培养。由此可见,教师要设计能引导学生自主思考的、有质量的问题,鼓励学生围绕共同话题相互交流,从而培养学生可持续发展的潜力。

三、着眼拓展思考过程,提升数学学力

学生在测量计算、收集整理、分析交流和探索规律的过程中,尝试用数学眼光去观察世界,用数学思维去解决问题,进一步促进了数据分析观念的形成和数学思维的发展。这里也经历了两次思考,第一次是对探春、醒春活动的回顾与反思,感受数学与生活的联系,感悟数据分析的价值;第二次是对于更多入春标准的了解,从而感受学科融合的魅力。总之,综合与实践主题活动能引导学生了解事物的表象,更能引导学生考虑事物背后隐藏的数学道理,促使学生用数学的眼光观察世界,用数学的思维思考世界,用数学的语言表达世界。另外,宽松的研究空间也能激发学生更多的创造性思维,让研究性、互动性的学习成为学生的常态,从而促进学生全面而有个性的发展。

探春派对:我和春天有个约会

🔍【教学目标】

(1) 开展以"我和春天有个约会"为主题的综合与实践活动,在实践中学习知识,寻觅春的踪迹,感受春的美好。

(2) 从"诵春、寻春、绘春、赞春、乐春"5 个方面进行探究活动,通过多种途径了解春天、走近春天,关注大自然的神奇变化,沟通课堂内外,表达自己对春天的喜爱之情,发展学生的综合能力。

🔍【教学准备】

各学科活动筹备。

🔍【教学过程】

春天是桃红柳绿、万物复苏的季节。探春派对,开启了我们和春天的一场盛大约会······

1. 牵手语文——诵春

"春来日渐长",同学们在教室参与有关春天的"四字飞花"游戏,诵读咏春的诗词,与古人一起感受"润物细无声"的静谧,欣赏春的勃勃生机,想象春风下追逐的快乐。

2. 牵手科学——寻春

"纸上得来终觉浅",春光明媚,充满浪漫的色彩,同学们走近校园的一草一木,投入大自然的怀抱,寻找校园中春天的美丽瞬间。

3. 牵手美术——绘春

"落笔情更浓",在学生心中形成了丰富的感性认识后,鼓励他们将自己观察的春意画在纸上,记录在笔尖上。春风、春草、春花、春意······五颜六色的彩笔把春天装进了画里,每一幅作品里都描绘着绚丽的春日、纯真的童心。

4. 牵手音乐——赞春

草木蔓发,春山可望,每一位学生的眼中都有自己独特的美好春日,把春天揉进歌曲里,在春意盎然的时节尽情歌颂、高声吟唱,用自己美妙的声音赞美大好春光。

5. 牵手劳动——乐春

"儿童散学归来早,忙趁东风放纸鸢。"放风筝是亲近春天的好方式,制作风筝的过程也是培养学生动手能力的好机会。风筝在天上飞,学生在春草青青的操场上奔跑,感受春天的乐趣。

(本主题活动由南京致远外国语小学刘媛老师执教)

🔍【案例分析】

一、"真问题"联结学科,激发参与热情

儿童对世界的认识是一个不断反复、不断数学化的过程,这个过程便是综合与实践。布鲁纳在《教育过程》中阐述了发现学习的重要意义,其中包括提出问题、做出假设、验证假设和形成结论 4 个过程。正如《义务教育数学课程标准(2022 年版)》中提到的:在综合与实践

过程中,学生将面对现实的背景,从数学的角度发现并提出问题,通过独立思考或与他人合作,综合运用数学和其他学科的知识和方法,分析并解决生活中的问题。感悟数学各部分内容之间、数学与生活之间及与其他学科的联系,引导学生在生活中学习、在实践中探究、在应用中创新,不断提高综合与实践的能力。

"入春的标准"是基于四年级学生已经掌握数据收集、整理、分析及求平均数等相关知识的基础上,教师自行设计展开的主题活动。活动由生活中的真实问题展开,从学生自主理解气候学上的入春标准切入研究,设计具有操作性的实践活动,鼓励学生运用数学方法探秘入春时间,以保证不同基础、不同需求的学生都可以自主参与活动,普遍提高学生学习数学的兴趣和应用意识。学生以小组为研究单位时,通过观察、测量、计算等自主活动记录本地日平均气温,从科学视角深入理解入春标准,在研究中体会数学方法,积累活动经验,发展数据分析观念。最后以丰富的跨学科主题活动为背景,鼓励学生自主设计形式多样、富有趣味的活动,在寻美、探美、表达美的过程中提升综合素养。

整个活动遵循着"明确数学知识—运用数学方法—参与数学活动—形成数学思考"的问题解决过程,从现实情境中抽象出数学问题,再到探究的具象实践,最后对实践结果进行理性分析,不仅有助于学生开阔学习视野、增长实践智慧,还促进了学生核心素养的形成和发展。

二、"真思考"深度卷入,引领自主探索

综合与实践的学习方式是实践体验、探究学习、自主学习、合作交流、质疑问难、碰撞辨析等学习方式的有机整合。《义务教育数学课程标准(2022年版)》对于综合与实践部分也明确提出了"突出问题解决,让学生自主探索活动"的教学要求。因此,在综合与实践教学中,可以通过启发的方式引导学生自主提出问题进行探究,教师适时指导,并通过实践操作、小组交流的方式完成学习任务。

以"入春的标准"教学为例,先鼓励学生自主梳理气象学中入春标准的含义,并在交流讨论中逐步理解,再以前一年的气温数据为例,引导学生进行模拟计算,推算入春时间。从自主梳理到交流明晰,再到模拟计算,学生在这样自主探索的过程中不仅深化了对入春标准的理解,也积累了充分的数学活动经验。接着,从解决实际问题需要出发,学生基于个人经验和已有知识,以小组为单位制定数据收集、整理、分析等相关任务,在"问题提出—参与探究—问题解决"的完整过程中进行综合与实践领域的研究。在这个过程中,教师给予学生科学的建议和指导,学生自主发现解决问题的关键要素,分析要素之间的关系与规律,从而调整并完善研究方案,在经历中进行入春标准的概念重建过程,充分激发了学生的学习热情,实现了数学能力的培养。

活动中,学生运用观察、探索、实验等方式,亲历预测入春时间的研究过程,在独立思考、自主探索、同伴交流中积累活动经验,学会不同的思考方法,拓宽知识面、更新认知结构,实现由被动接受式学习向主动建构式学习的转变。

三、"真实践"融合超越,体现学为中心

综合与实践是学生积累数学活动经验和培养应用意识、创新意识及模型思想的有效载体,是学生在真实问题驱动下自主参与、体验各种数学活动及其他学习活动的过程和结果。

"入春的标准"创设以学生为中心的学习环境,凸显学生的主体地位,为学生提供满足个性化需求的学习体验。在活动内容上,教师不再是唯一的决策者,很多活动内容都需要根据

学生的需求做出调整。在收集日平均气温的过程中,学生可以根据自己切实可行的方式进行自主选择,也可以通过交流或借助网络了解其他收集气温的方式。在记录任务中,教师并没有提供具体的记录模板,学生需要在小组中进行讨论与设计,得出需要记录的关键信息。在教学形式上,采用课堂教学、实践指导、活动参与相结合的方式,如进行实践指导时,教师根据各实践小组提出的个性化问题给予相应建议,并从中收集共性问题,在课堂交流时再次进行全班指导。这样开放式的设计与实施,将学生卷入实践活动,重视学生主体地位的发挥,给学生提供更多发现问题、提出猜想、探索问题解决过程、验证猜想的时间和空间,灵活调整教学方式,激发学生的创新潜能,让学生在经历发现问题、提出问题、分析问题、尝试解决问题的过程中培养独立思考和自主反思的习惯,创造性地完成学习任务。

"入春的标准"这一自主开发的综合与实践主题活动,不仅能提升学生运用数学知识解决实际问题的能力,使学生在经历综合与实践学习的过程中体会数学的应用价值和现实意义,也引领学生逐步学会主动运用数学的思维方法去分析现实情境中遇到的真实问题,综合运用多学科的知识与方法去解决问题,构建主题式知识结构,发展跨学科思维,形成质疑问难和勇于探索的科学精神。

第二节　方法的多样性

《义务教育数学课程标准(2022年版)》相关内容:

丰富教学方式,改变单一讲授式教学方式,注重启发式、探究式、参与式、互动式等,探索大单元教学,积极开展跨学科的主题式学习和项目式学习等综合性教学活动……

学生的学习应是一个主动的过程,认真听讲、独立思考、动手实践、自主探索、合作交流等是学习数学的重要方式……

综合与实践领域的教学不是简单的基础知识与基本技能的教学,而是以解决实际问题为重点,引导学生在学习活动中综合运用所学,经历发现问题、提出问题、分析问题、解决问题的过程。因此,作为学习活动的组织者、引导者与帮助者,教师应灵活调整教学方式,注重提供给学生多样化的活动形式,彰显综合与实践活动的育人价值,具体形式包括以下 4 种。

1. 开展趣味游戏活动

在游戏活动中渗透规律的发现、知识的理解与应用,还可以适当组织游戏竞赛,在不断的体验、探索与反思中激发学生积极互动、自主探究、自我总结的热情。例如数学游戏分享、算 24 点、有趣的七巧板等。开展趣味游戏活动要注意以下 3 点:一是遵守游戏规则,提升规则意识;二是注意过程与结果的关系,让"不同的学生在数学上得到不同的发展";三是体现数学价值,引导学生在玩中学,在用中学,觉得数学好玩、数学有用。

2. 开展动手操作活动

以解决实际问题为重点,以真实问题为载体,引导学生利用观察、猜测、实验、计算、推理、验证、数据分析、直观想象等方法分析问题和解决问题。例如身体上的尺子、校园平面图、测算土豆体积等。组织学生动手操作要注意以下 4 点:一是给学生提供充分的操作材料、操作工具与适宜的场所,为学生动手操作做好后勤保障;二是明确操作的目的、流程与方法,引导学生完整地经历发现问题、提出问题、分析问题、解决问题的过程;三是鼓励学生自己动手尝试、不怕困难,在学生需要时及时给予必要的指导,但不代替学生操作,培养学生的创新意识、实践能力、社会担当等综合品质;四是在动手操作后及时组织反思、交流与讨论,掌握探究的一般方法,完善认知结构,促进思维发展,从而发展核心素养。

3. 开展调查研究活动

在低年级开展观察研究,例如数学连环画、时间在哪里、我的教室等主题活动,引导学生学会用数学的眼光观察现实世界、用数学的语言描述现实世界;在中高年级开展调查研究,例如营养午餐、水是生命之源等,学生通过分工协作,在经历发现问题、提出问题、制定计划、收集数据、整理数据、表达与分析数据的过程中,形成重视调查研究、合理设计规划的科学态度,发展数据意识,提升解决问题的能力,培养创新意识,加深对社会问题的关注与理解。开展调查研究活动,首先要引导学生明确研究的问题与目标,商定研究方案,确定研究方法,在收集、整理、分析与表达数据的过程中感悟数据蕴含的信息。

4. 开展跨学科主题活动

跨学科主题学习打破了学科之间的课程边界,建立起学科之间、学科与生活之间的联系,使学生积累数学活动经验,感受数学的魅力与价值,培养学生的实践能力和创新意识。例如体育中的数学、制定旅游计划等。开展跨学科主题学习要注意以下 4 点:一是选题适切,关注问题的现实意义以及隐含的数学价值;二是问题适宜,渗透问题导向、目标导向与创新导向,培养学科素养、动手实践能力与团队合作能力;三是重视融合,实现跨学科知识的整合,提高学生的应用意识与实践能力,促进学习方式的根本性变革;四是重视生成,教师组织学生总结交流,灵活利用"生成"的资源,引导学生共同观察、评价、批判、反思、迁移、运用,促进学生学会学习。

教学活动是教与学的双向奔赴。综合与实践领域的教学内容强调情境性、探究性、体验性与实践性,相应的学习过程也应体现出真实情境中的自主探究、认知、意志、情感过程的完整体验与充分参与,以及多维实践中的素养发展。因此,教师除了考虑灵活调整教学方式以外,还应有效地整合多种学习方式,促进学生在综合与实践领域的学习过程中经历情感交融与信息交流、完善认知结构与思维品质、发展核心素养、学会学习。

新课标实施以来,自主学习、合作学习、探究学习等学习理念得到了极大的认同,在综合与实践领域的学习中,可以围绕以下 3 个方面对这些学习方式进行整合与优化:第一,学生明确研究目标、制定研究进度、参与设计评价指标。在综合与实践活动中,学生应对活动的目标和意义有明确的认识与理解,同时参与设计评价指标,激发自主学习的愿望。第二,学生掌握一定的探究方法、研究方式,明晰研究的基本流程。在探究方法上,利用观察、猜测、实验、计算、推理、验证、数据分析、直观想象等方法分析问题和解决问题;在研究方式上,适时整合自主学习、合作学习、探究学习与实践学习,在有效的互动机制下,认真听讲、独立思考、动手实践、自主探索、合作交流;明确研究的基本流程,以真实情境为载体,以实际问题为中心,经历发现问题、提出问题、分析问题、解决问题的过程。通过以上的学习过程培养学生自主学习的能力。第三,在阶段性学习结束后对认知的过程进行自我监控、自主反思与自我调节。引导学生完整地回顾活动的全过程,从知识的获取、方法的形成、思想的感悟、情感的浸润等多方面进行监控、反思与调节,通过活动提升学生的元认知,这对学生的全面发展具有非常重要的意义。

案例1 身体上的尺子

【导读】

《义务教育数学课程标准(2022年版)》附录1中的例51对"身体上的尺子"主题活动做了如下说明:引导学生发现自己身体上的长度单位,经历用身体上的长度单位测量物体的过程,直观理解度量的意义。学生对测量的学习不应只停留在对标准测量单位的认识上,还应了解非标准测量单位,能根据实际需求选择或创造合适的单位,能进行合理估测。应从长度测量的学习开始,通过主题活动帮助学生逐步在具体测量活动中加深对度量思想的体会。

本主题活动重点引导学生在活动中发现身体上的长度、用身体上的尺子进行测量,具体安排如表3-2所示。

表3-2 "身体上的尺子"活动安排

主题活动	时间安排	主 要 内 容	目 标
身体上的尺子	第一课时	认识身体上的尺子,选择米、厘米等合适的单位估计、测量身体尺的长度,比较不同身体尺长度之间的关系	认识"一拃""一庹""一步""一脚"等身体尺,会测量并知道各身体尺的长度;在认识身体尺的过程中强化已经建立的厘米和米的长度观念,进一步巩固对厘米和米的认识
	第二课时	用身体尺作为测量工具,开展实际的测量活动,在测量中体会单位的选择及估测的策略方法	经历运用身体尺测量物体长度的过程,感受身体尺方便、快捷的特点;经历运用不同身体尺测量同一物体长度,并对得到的不同数据进行分析比较的过程

身体上的尺子(1)

【教学目标】

(1)通过测量、比较、交流等实践活动,认识"一拃""一庹""一步""一脚"等身体尺,会测量并知道各身体尺的长度。

(2)在认识身体尺的过程中强化已经建立的厘米和米的长度观念,进一步巩固对厘米和米的认识。

(3)了解身体尺在生活中的应用,感受数学知识的应用价值,进一步感受数学与生活的联系。

【教学准备】

课件。

🔍【教学过程】

一、情境引入,引发需求

1. 回顾米和厘米的适用对象

师: 这个单元我们学习了长度单位——米和厘米。已经有了长度单位"米",为什么还要学习长度单位"厘米"?

小结: 米和厘米都是长度单位,根据测量对象的不同,我们要选择合适的长度单位进行测量。

2. 读数学史感受身体尺的应用价值

师: 米和厘米没有产生之前,人们测量长度靠什么呢?

出示: 治水英雄大禹以(　　　)作为长度单位;

　　　　法老以(　　　)作为长度单位;

　　　　英尺,英文单词 foot。

一丈　　腕尺　　英尺　　foot

音频介绍: 在统一的长度单位产生之前,人们常用自己身体的一部分测量物体的长度。例如,古代治水英雄大禹把自己的身高定为一丈,丈是古代常用的长度单位;古埃及法老曾把自己的肘关节到中指指尖的距离作为腕尺;英尺的含义正如它的英文 foot 一样,一英尺就是成年男子一只脚的长度。

师: 长度单位产生之前,人们都用自己身体的某一个部位测量物体的长度。现在有了长度单位,还要认识身体尺吗? 为什么?

明确: 我们不可能随时随地把测量工具带在身边,手边缺少工具时可以借助身体尺来估计物体的长度。

二、探索新知,认识身体尺

1. 认识身体尺

师: 这节课我们重点研究这4把尺子——一拃、一庹、一步、一脚。

视频演示一拃、一庹、一步、一脚的规定及测量方法:

一拃——手指用力张开后,大拇指指尖到中指指尖的距离;

一庹——两臂左右平伸,两个中指指尖的距离;

一步——步行时,两个脚尖(或脚跟)之间的距离;

一脚——脚跟到脚尖的距离。

2. 活动一：比一比，量一量，体验身体尺的长度

	一拃	一脚	一步	一度
我的身体尺	（ ）厘米	（ ）厘米	（ ）厘米	（ ）厘米

师：你们打算怎样测量这些身体尺的长度？

示范测量方法。

强调：测量一拃、一度时要把手指张开、手臂伸平；

测量一步时步子要不大不小，正常走路；

一脚长度要脱鞋测量。

出示活动要求。

量一量：四人合作，量出各人身体尺的长度。

比一比：比较各人的身体尺，你们有什么发现？

想一想：自己哪种身体尺的长度超过1米？大约比1米多多少厘米？不足1米的身体尺与1米的关系还可以怎样说？

学生活动，展示交流。

小结：通过比较，我们知道了每个人的身体尺长度不完全一样，但是有一个合理的范围。在比较1米与身体尺的关系时，可以根据我们之前测量的结果，推算1米中有几个这样的身体尺，也可以通过实际的测量加以验证。

3. 活动二：算一算，量一量，构建身体尺与米尺的关系

1米			
约有（ ）拃	约有（ ）脚	约有（ ）步	约有（ ）度

出示活动要求：可以算一算，也可以量一量，再填一填。比较四人的结果，说说你的发现。

学生活动，展示交流。

小结：同一长度下，身体尺越短，量得的数量越多。

三、课后研究，用身体尺量

1. 明确身体尺的使用范围

师：测量以下物体的长度用哪把身体尺比较合适？

出示：数学书课本封面的长、课桌面的长、课桌的高度、黑板的长、教室的长、篮球场的长。

交流明确：我们要根据物体的长度、位置选择合适的身体尺。

2. 布置课后研究任务

师：选择你想测量的物体，再选择一把合适的身体尺，记录测量的过程和结果，下节课我们一起讨论用身体尺怎么测量。

我想测量_____的长度（宽度或高度）。

我选择的身体尺是（　　）。

我是这样测量的：_____

_____

回顾测量的过程，我的收获是：_____

_____

🔍【分析点评】

一、借助数学史实，主动发现问题

综合与实践领域的教学是以解决实际问题为重点，引导学生在学习活动中综合运用所学，经历发现问题、提出问题、分析问题、解决问题的过程。主题活动"身体上的尺子"是在学习了长度单位厘米和米之后开展的，活动伊始引导学生思考这样一个问题：米和厘米没有产生之前，人们测量长度靠什么？学生联系生活经验能想到运用身体上某些部位的长度。在此基础上介绍古今中外具有代表性的史实：中国古人以成年男子身高为一丈，古埃及法老以中指指尖到肘关节的长度为腕尺，英尺 foot 的含义则是一脚的长度。这些相关历史有助于让学生体会到身体尺由来已久，且在漫长的历史中具有实用价值。随后再次反思：为什么现在有了标准的长度单位还要学习身体尺？学生们在交流中逐渐理解到，我们不可能随时随地把工具带在身边，手边缺少工具时可以借助身体尺来估计物体的长度，从而凸显身体尺方便使用的好处。两个关键问题的思考引发了学生对身体尺的认知需求，明确了"为什么要学"以及"学完怎么用"。

二、开展操作活动，引导操作反思

《义务教育数学课程标准（2022 年版）》强调，在动手操作后及时组织反思、交流与讨论，掌握探究的一般方法，完善认知结构，促进思维发展，从而发展核心素养。

这节课中，教师指导小组分工合作，先估一估身体上的这些长度有多长，然后选择米、厘米等合适的单位，动手测量并记录数据。对数据的分析环节便是操作后的反思，重点引导学生从不同维度进行比较：首先是同类身体尺的比较。学生通过分别比较组内成员"一拃""一庹""一步""一脚"的长度，能够了解这 4 种身体尺的大致长度范围，为下一节课运用身体尺进行测量、估计物体的长度奠定基础。其次是 4 种身体尺的横向比较，学生在比较不同身体尺长度的过程中在头脑中对身体尺进行排序，这一想象的过程有助于身体尺作为单位表象的建立。另外，在讨论的过程中学生还可能发现身体尺与其他身体长度的关系，比如自己的一庹大约等于身高。在比较得出相关发现后，继续引导学生通过操作验证这些发现，促进直接经验的积累。通过测量、比较等活动，学生很好地认识了身体尺，了解了身体尺与标准单位的关系，为下面即将进行的用身体尺量做好准备。

身体上的尺子（2）

🔍【教学目标】

（1）经历测量、比较、交流等实践活动，能灵活选用合适的身体尺测量生活中常见物体的长度。

（2）经历运用身体尺测量物体长度的过程，感受身体尺方便、快捷的特点；经历运用不同身体尺测量同一物体长度，并对得到的不同数据进行分析比较的过程，感受身体尺不够准确、不够统一的局限性。

（3）了解身体尺在生活中的应用，感受数学知识的应用价值，进一步感受数学与生活的联系。

【教学准备】

课件。

【教学过程】

一、回顾

师：前一节课我们已经认识了身体上的尺，请小朋友上来边比画边介绍，并说说自己的身体尺分别有多长。

学生介绍。

师：这些身体尺什么时候有用呢？

明确：当手边缺乏测量工具的时候，可以用身体尺量出大概的长度。

师：今天我们就用身体尺量。

二、测量

1. 活动一：一起量课桌

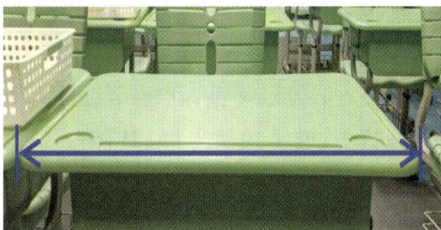

师：课桌是我们人人都有的，看桌面的长，用哪把身体尺合适？

生：用拃去量合适。

师：为什么选拃？其他3个为什么不行？

明确：根据自己一拃的长度并估计课桌的长度，确定使用一拃量最合适也最方便。

学生测量、展示交流。

师：在用一拃测量时要注意什么？

明确：从头量起、不重不漏、每段一样。

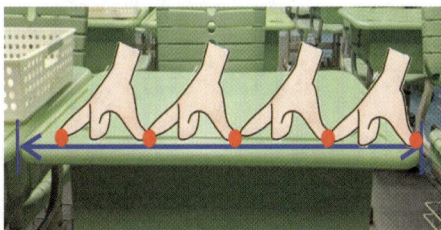

强调：在用其他身体尺的时候我们也要注意这些细节。

2. 活动二：合作就地测量

师：观察我们现在上课的大教室，你们还想量什么？

学生讨论得出：大屏幕的长度、讲台的长度、黑板的长度、地毯的长度。

师：下面以小组为单位，选择一个想测量的物体，再选择一把合适的身体尺，每人轮流去量，把结果记录在记录单上，再说说你们的发现。

记录单

我想量		
我选择		（拃、庹、步、脚）
我记录	①	
	②	
	③	
	④	

学生活动，汇报交流。

B 讲台长度。

生 1：我们组用拃量讲台的长度，大约 12 拃。

生 2：我们组用庹量讲台的长度，比一庹多一些。

师：多的部分可以怎么办？ 你还能量吗？

生：可以用拃测量剩余的部分。

师：身体尺可以组合起来使用。

生 3：我们组用脚测量讲台的长度，贴着桌边去量。

生 4：我们组用步测量讲台的长度，大约 3 步。

师：这 4 组都是量讲台的长度，你们有什么想说的？

小结：用不同的身体尺去量，量得的数量不同。

D 地毯长度。

师：猜猜量地毯的小组用的是哪把身体尺？

生：步。

师:为什么都认为用步去量?

生:因为毯子在地上,走起来方便。

展示结果,依次汇报:20步、15步、19步、16步。

师:都用步去量,为什么步数相差有点大?

生:有人步子大,有人步子小。

师:我们在用步量的时候要注意什么?

生:要注意步伐均匀,正常走路,步子不大也不小。

师:如果用脚量地毯的长度,想一想,得到的数据会怎样?

生:数据会很大,因为脚长比步长要小得多。

A 屏幕长度。

师:量屏幕长度的小组都用了庹这个身体尺,请没有量的组先来估一估,大约长几庹?

学生估计,测量小组汇报:大约5庹。

师:你能根据这个测量结果估一估屏幕的长度大约是多少米吗?

学生根据一庹的长度推算。

C 黑板长度。

生1:我们组用庹测量黑板长度,1庹多一些,2庹不到。

生2:我们组用拃测量黑板长度,大约15拃。

师:你觉得哪个组的结果更便于我们估计黑板的长度?

明确:用庹测量好推算但误差较大;用拃测量估得更准,但算起来复杂。

师:回顾我们选择身体尺测量和估计的过程,你有什么感受?

生1:用身体尺测量很方便。

生2:用身体尺测量后,可以联系标准单位进行推算。

生3:身体尺测量的是大概的结果,如果要准确的结果,需要用到尺子。

3. 活动三:户外测量

师:同学们不仅会选、会用身体尺,还感受到了身体尺的价值。走出教室,身体尺的用处就更大了。这是咱们的校园,你想用哪把身体尺量什么呢?

学生讨论。

师:一位小朋友量出操场的一周长406( )。猜一猜他用的是哪把身体尺?

生:用的是步。

师:根据这个测量结果,你能算一算操场一圈大约是多少米吗?

生:我认为是 200 米,因为两步大约是 1 米。

三、总结

师:今天我们用身体尺测量了一些物体的长度,你有哪些体会?

生 1:身体尺用处很大。

生 2:用身体尺测量后还可以推算出大概的长度。

布置课后任务。

我想测量＿＿＿＿的长度(宽度或高度)。

我选择的身体尺是(　　　)。

根据测量结果估计物体大致的长度是(　　　)。

我是这样估的:

_____

_____。

(本主题活动由南京师范大学附属中学新城小学怡康街分校潘傑老师设计执教)

🔑【分析点评】

一、关注操作细节,明确测量方法

测量活动的进行必须建立在掌握正确测量方法的基础之上。在用身体尺量这一活动中,教师首先以测量课桌的长度为例,组织学生讨论测量的方法和注意事项。在自主尝试、交流展示的过程中明确:测量过程中要注意从物体的一端量起,单位保持一致以及单位之间的衔接,这与用尺子测量的要求一致。在后续的测量活动中,学生将测量的基本方法迁移到其他身体尺的运用中,能保证测量结果的相对准确。

二、提供材料场所,做好后勤保障

为了能让情境与学生的身心融为一体,活动实施就地取材,选取了授课现场便于操作、有交流价值的物体作为测量对象。在测量的过程中,对同一测量对象,学生可能会选择不同的身体尺进行测量,或者选择多种身体尺组合测量。在交流的过程中,通过讨论选择某一单位的理由,认识到所谓"合适"的身体尺,不仅要考虑长度,还要考虑其是否方便操作,比如高处的物体长度更适合用手上的身体尺来测量,地面的长度则更宜用脚或步来测量。小学生量感的形成很大程度上取决于其积累的直接经验,直接经验越丰富,建立量感就越容易。本主题活动中设计的多次测量活动积极调动多感官体验,引导学生建立丰富的单位表象,逐步形成清晰的量感。

三、重视操作反思,促进估计推理

数学知识的形成不能仅仅依赖于动手操作,更要指导学生学会将操作中的做法进行有效的概括与归纳,并能用准确、科学、简练的语言进行表达,将动手操作获得的感性经验进行分析、比较、推理、概括,最终用自己的语言表达出结论和规律,将操作过程转换为抽象的数学知识。[①]

① 杨启启.有效的动手操作需要有效的把握[J].课程教育研究,2014(15):144-145.

没有反思的操作是无意义的操作,测量操作后反思的重点是利用已知的量对测量结果进行估计和推理。例如,大屏幕的宽度是学生的5庹多一些,利用已知的一庹长度能够推算出大屏幕的宽度大约是6米。这一推算的过程既能体现身体尺的实用价值——在缺乏测量工具的情况下估计物体长度,又能联系米、厘米等长度单位,加深对长度单位的感受。

🔍【案例分析】

一、探索多元方法,初步培养量感

《义务教育数学课程标准(2022年版)》指出,在综合与实践领域的教学中,作为学习活动的组织者、引导者与帮助者,教师应灵活调整教学方式,注重提供给学生多样化的活动形式,彰显综合与实践活动的育人价值。"身体上的尺子"主题活动中多样化的活动体现在以下几个方面。

首先,通过数学史阅读了解古人测量方法的多样性,古人在没有标准长度单位的情况下,通过自己的身体部位进行测量。比如,中国古代常用寸、尺、丈等身体部位来测量长度。这种方法在当时非常方便实用,但也存在着一定的局限性。因为不同人的身高、手指粗细等因素都会影响测量结果。

其次,在现代社会中,标准长度单位已经得到广泛应用。在小学数学教学中,我们通常会介绍米、厘米等长度单位。然而,在某些情况下,使用身体尺单位也可以达到很好的效果。比如,在场景模拟游戏中,让学生根据自己手掌大小来估算距离,可以帮助他们更好地理解长度单位。同一个物体可以使用不同的身体部位来进行测量。如在测量桌子长度时,可以使用一拃、一脚、一步等不同的身体尺来进行测量。这种方法可以激发学生的创新思维和动手能力。

在交流不同方法的测量结果时,教师重点引导学生关注以下3个方面:第一,要选择合适的测量工具和标准长度单位;第二,对于身体尺单位的使用,需要注意不同人之间存在差异;第三,在进行开放探究时,可以使用不同方法,并引导学生思考各自方法的优缺点。

二、精致活动设计,有效动手操作

本主题活动的形式以动手操作为主,有效的动手操作活动设计离不开以下4点。

第一,创设操作环境。在教学过程中学习氛围是衡量教学效果的重要指标。教师要积极创设相适应的操作环境,利用学生已有的生活经验,让学生在平等、民主、合作的教学氛围中学习,敢于质疑,敢于动手操作,充分调动学生的主动性和积极性,使学习成为其内在的心理需求。[①] 在活动结束之后,不少学生看到活动场地的其他物体,纷纷表达了"我想量"的愿望,正是因为感受到了身体尺在估计、测量中的价值,学生们才能将这份操作的热情延续到生活中。

第二,选取操作内容。对于动手操作而言,只有具备内驱力才是有效的动手操作,这种内驱力就是学生对于学习的内在需求。基于对学生学习需求的把握,在新知引入处操作,在知识难点处操作,在练习困惑处操作。在本主题活动中,用身体尺量对学生来说是一大难点,因此操作活动的设计以此为着眼点,满足学生的学习需求。

第三,引导操作过程。教师组织动手操作的目的必须明确,必须具有足够的思维含量。在动手操作之前,学生思考着解决问题的办法,不断提出新的想法,并通过动手实践探索问题的答案,在这个过程中,学生不仅感知了知识的产生过程,而且在探索活动中学到了科学探究的方法,发展

① 金红彦. 小学生低段数学动手操作现状及对策[J]. 数理化学习(教育理论版),2016(11):95-96.

了思维能力。在动手操作时,要让学生明确为什么操作,通过操作解决什么问题,目标是什么等,不能单纯地为操作而操作;在动手操作之后,还要引导学生思考一些有价值的问题。

第四,重视操作反思。数学学习重在发展思维,操作后的反思才是整个过程中最重要的环节。在指导学生进行归纳时,要帮助学生还原操作的过程,将抽象、概括、表达的思维过程细化,通过"为什么"之类的问题发展学生深度思考、分析问题的能力,引导学生真正实现动手操作、积累表象、转化抽象的转变过程,让数学知识真正印刻在学生的记忆深处,提升学生的学习能力和思维能力。

第三节　体验的多元性

《义务教育数学课程标准(2022年版)》相关内容:

本标准中有两类行为动词:一类是描述结果目标的行为动词……另一类是描述过程目标的行为动词,包括"经历""体验""感悟""探索"等。这些目标是形成核心素养的基础和条件。

体验:有目的地参与特定的数学活动,验证对象的特征,获得一些具体经验。

《义务教育数学课程标准(2022年版)》采用"经历、体验、感悟、探索"等词语描述学习过程目标,强调这些学习过程是形成核心素养的基础和条件,并最终指向学生核心素养的形成和发展。同时指出,体验是有目的地参与特定的数学活动,验证对象的特征,获得一些具体经验。由此可见,体验着重于学生在数学学习过程中的亲身参与、自主验证以及个体的具体经验。用眼观察、用手操作、用口表达、用脑思考等都属于亲身参与,操作、比较、归纳、猜想等都是自主验证的重要形式,体验活动后学生个体积累的具体经验也具有差异性。因此,体验具有多元性,不仅包括体验形式的多元性,还关注体验层级的多元性。

一、多元体验活动实施的价值

多元体验的特定价值可从3个维度彰显:首先,从学生发展的维度,它有利于学生核心素养的形成与发展;其次,从课程发展的维度,它有利于数学综合与实践内容板块实现跨学科的自然融合;再次,从教师发展的维度,多元体验活动的设计实施有助于教师转变教学价值取向,树立正确的教学目标观。

1. 多元体验,有助于学生核心素养的形成发展

学生核心素养在各个数学学习模块中的内涵呈现有所侧重,在综合与实践模块中主要侧重于模型意识与创新意识。这两大核心素养具体如何体现呢? 我们可以从综合与实践主要学习方式的角度分析,通过对课标的解读,不难发现,所谓主题式学习,是指在单个或系列主题下,学生通过操作、探究、交流等具体活动,进行知识的学习或应用;项目式学习则是以问题为驱动,学生在真实、多样、具有一定挑战性的情境中,综合运用多学科知识,使用适切的策略、方法解决情境中的问题。[①] 这两种学习方式的内核均为真实情境下的问题解决,而

---

① 史宁中,曹一鸣. 义务教育数学课程标准(2022年版)解读[M].北京:北京师范大学出版社,2022:334.

且不约而同地强调了多元的学习活动、学习情境的重要性。

由此可见,学生真正成为学习的主体,在多元的情境下进行操作、比较、归纳、猜想等多元体验,综合运用数学和其他学科的知识与方法解决真实问题,才能更好地形成和发展模型意识、创新意识。杜威的"从做中学,从经验中学"的教学思想也强调儿童亲身体验的重要性,个体要想获得真知,就必须在运用、交流、尝试、互动改造中获得经验。多元体验的活动过程才能带来学习收获的多元,才能促进知识、技能的形成和能力的提升,还能体验学习数学的乐趣,体验生活,体验自主,体验成功。

2. 多元体验,有助于跨学科融合的自然发生

跨学科融合是小学综合与实践模块教学的重要特征之一,充分体现课程的综合性。史宁中教授指出,多学科融合可增强学科交叉、融通意识,让数学在学科交融中活起来。[①] 由此,跨学科融合成为现如今我国课程与教学改革的热门话题之一。但是,当前跨学科教学实践中仍存在教师为了完成跨学科教学任务,强行在学科之间"搭桥"的现象,学生被动参与,反而使传统的学科学习活动变得更加困难、烦琐,目标指向不明。

多元体验活动强调学生主体体验形式的丰富性、学习空间的开放性,师生围绕真实问题,明晰活动任务,且并不局限于课堂的集中体验学习活动,更多的是课外的个性实践活动。在开放多元的体验活动中,学生把完成活动任务真正当作自己的事情,全程主动参与、亲身体验,学生自觉动用自己所有的学识去解决问题,增进了学科间的内在联系,跨学科自然而然地产生,有助于学生整体理解知识意义,实现数学与生活世界的有机融合。

3. 多元体验,有助于教师价值取向的转变

相比于数学其他三大领域的教学,综合与实践有其鲜明的活动属性,并明确指向提高学生解决实际问题的能力、形成和发展核心素养的教学目标,因此,综合与实践模块的教学对教师主题设计、活动组织等教学能力有更高的要求。但在综合与实践实际教学中,仍然出现以常规课的模式开展的现象。教师走入课堂,才将本节课的主题或即将开展的活动告知学生,学生全然没有准备和活动前的体验,只能安静地坐在封闭的教室里,在被动的听讲、机械的操作、流于形式的讨论中掌握相关的知识与技能,这样以知识掌握为导向的教学难以实现综合与实践的育人目标。为此,我们需从根本出发,将教学价值取向从"知识掌握"转变为"促进学生的发展"。

设计实施综合与实践多元体验活动,有助于教师将教学设计的关注点从"知识本位"转为"学生本位",教师需要切实站在学生的视角,思考学生已有的活动体验是什么,围绕主题学生应该产生哪些关键体验,如何设计多形式、多层次的多元体验活动等一系列重要问题,促使教师实施以促进学生发展为导向的教学,从而潜移默化地转变教学价值取向,让综合与实践的教学目标在数学课堂上落地。

二、多元体验活动实施的策略

相较于其他数学学习领域,综合与实践所涉及的内容相对宽泛,教学活动具有较强的开

---

① 黄翔,童莉,史宁中.谈数学课程与教学中的跨学科思维[J].课程·教材·教法,2021,41(7):106-111.

放性、实践性、综合性,这样的课程特征更加强调学生的主体实践、亲身实践。从学生学习的角度出发,审视数学综合与实践活动的实施过程,多元体验活动实施的策略有以下几点:首先从情境体验中联结生活,积累初始体验;再从情境中抽象出数学问题,展开思维对话,激发矛盾体验;最后自我反思,回顾解决问题的全过程,激活潜能、唤醒人格,打造峰值体验,将数学知识的形成过程和学生个体生命的体验过程融为一体。

1. 联结生活,积累初始体验

(1)联结学生的现实生活。数学知识本就和生活密切相关,学生在日常生活中仔细观察,主动尝试从数学的角度寻找解决问题的策略,积累解决简单实际问题的经验,感受数学知识间的相互联系,逐步理解数学在实践中的作用。[①] 因此,综合与实践的情境设计应该是真实的、具有现实意义的,让学生具有熟悉感和价值感。创设了合适的情境后,教师要注重指导学生积累初始体验,一方面让学生从现实情境中发现数学问题,另一方面鼓励学生回到生活中亲身体验,开展观察、调查、劳作等前期体验活动,为学生主动积极地投入到后续活动中做好心理、认知、行动上的多重准备。

(2)联结学生的网络生活。董奇教授曾指出:随着"互联网+"时代的到来,"互联网+教育"也呼之欲出,它将推动教育内容的持续更新、教育样式的不断变化、教育评价的日益多元化。[②] 网络的确是把"双刃剑",但作为新时代教师的我们,不能任由负面那一"刃"磨得锋利、正面这一"刃"却十分顿挫而不加以利用。一方面,我们可以利用互联网创设学生喜闻乐见的多媒体影像情境,通过创设这种直观、形象的体验情境,唤醒学生主动探究的欲望,拓展学生的学习空间,创新积累初始性的认知体验。另一方面,我们可以让互联网成为学生初始体验的重要辅助工具,鼓励学生自行组成学习小组,明确组内分工,围绕活动主题自行查找和整理数学学习资料,使学生不但掌握如何通过信息化工具辅助自己学习,而且增强对未知知识领域的主动探索精神。

2. 思维对话,激发矛盾体验

库伯将人的学习过程描绘成4个阶段的循环延续,即具体体验、反思观察、抽象概括和行动应用。[③] 这4个阶段构成了库伯著名的"体验式学习圈"(见图3-1)。受此启发,理想的数学综合与实践教学应在学生完成各个阶段的活动任务过程中,帮助学生完成从感知者、观察者、思考者到实践者之间的角色转变,这样的转变也是一个紧张地解决自身冲突、激发矛盾体验的过程。

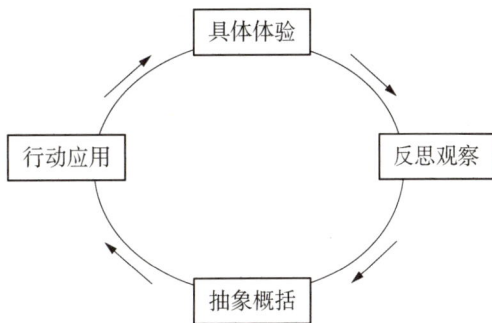

教师可以围绕教学目标,遵循数学学科特

图 3-1　库伯的体验式学习圈

① 周云. 例谈小学数学"综合与实践"课程的特性[J]. 数学学习与研究,2019(6):86.
② 董奇. 借力"互联网+"创新教师教学模式[N]. 中国教育报,2015-05-27.
③ D. A. 库伯. 体验学习——让体验成为学习和发展的源泉[M]. 王灿明,朱水萍,等译. 上海:华东师范大学出版社,2008:35.

点和学生认知发展规律,适时提出诸如"真的只能这样做吗""原来的方法行不通了,我们该怎么办呢""运用到现实生活中,可能会有什么不一样呢"的问题,依托此类"为什么? 是什么? 怎么办?"的关键问题,引导师生之间、生生之间进行系统化、深层次的对话学习,引发学生产生认知矛盾冲突,实现思维的碰撞与优化。在这个过程中,学生从束手无策到绞尽脑汁,再到最后的豁然开朗,矛盾性体验过程中的内心感受难以言表,但学生个体思维的发展清晰可见。教师需深刻认识到学生自我认知的生成并非一帆风顺,经历过纠结、痛苦,方显学生研究、思考之深刻。因此,教师要在问题解决的过程中舍得让学生去经历这样的痛苦,不要轻易地搭台阶,不要急于点破,才能使学生感受到"破茧"成功的狂喜,才能体验到数学最本质的魅力。

3. 自我反思,打造峰值体验

郭衍、曹一鸣教授等提出了基础教育数学课程中的"问题解决"图谱(见图 3-2),这与国际学生评估项目数学素养测评框架具有一致性,并且这种强调真实情境下的问题解决已然成为21 世纪以来多数国家数学教育课程改革的共同趋势。[①] 现如今,数学综合与实践的问题解决过程愈发符合适应未来需要的"问题解决"图谱,从图谱中可以看出,适应未来需要真实问题的解决是一个循环往复、螺旋上升的过程,学生在这个过程中体验疑惑、挫折以及成功解决问题的喜悦。那么,此时学生的自我反思将会使这样的复杂体验感进一步升华为峰值体验。

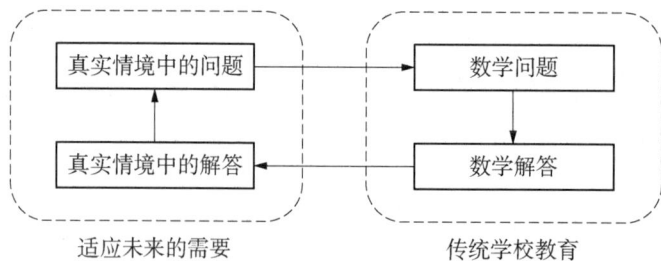

图 3-2 基础教育数学课程中的"问题解决"

美国的希思兄弟最早提出了峰值体验的概念,峰值体验指的是通过创造节点性时刻和决定性时刻,给人带来欣喜的感觉,留下美好难忘的记忆,激发人积极的情感,从而轻松、智慧地影响人的情感乃至行为。[②] 打造峰值体验离不开学生的自我反思,杜威认为反思是"对任何信念或假定的知识形式,根据支持它的基础和它趋于达到的进一步结论而进行的积极的、坚持不懈的和仔细的考虑,它包括这样一种有意识和自愿的努力,即在论证和理性的坚实基础上建立信念"。[③] 从这段话可以看出,反思是一种强化自我认知,进行自我监控与调节的重要学习方式。

结合数学综合与实践的课程特征,在活动即将结束的尾声,教师可以提供给学生"活动反思单",通过让学生阐述诸如"我解决了什么问题""我起初是怎样认知的""在解决过程中曾走过哪些弯路""解决这样的问题有什么意义和收获"等问题,引导学生自我反思参与活动

---

① 张舒,曹一鸣,王宽明.国际视野下问题解决在数学课程发展中的争鸣与走势[J].比较教育学报,2020(1):10-22.
② 奇普·希思,丹·希思.行为设计学:打造峰值体验[M].靳婷婷,译.北京:中信出版集团,2019:33.
③ 熊川武.反思性教学[M].上海:华东师范大学出版社,1999.

的全过程,更有力地唤醒学生对生命感、价值感的充分认同,收获真正的、源自生命内在的欣喜,让每一位学生在初始性体验、矛盾性体验的基础上,打造属于自己的峰值体验,进一步激发研究力、创造力,最终实现人的自觉发展、持续发展。

三、多元体验活动实施的关键点

1. 体验起点的多元选择

理想的多元体验活动成效离不开体验活动前的准备,要充分重视课前体验活动的作用。根据主题活动的难易程度,学生思维、经验、能力等方面的差异,教师设计的活动体验起点也应当有所变化。比如,面对首次接触的主题活动,当学生实践经验和知识储备也很有限时,如果教师完全放手,直接让学生自主活动,往往难以取得好的成效,甚至会出现中途放弃的情况。此时,教师应该明确告知学生如何确定调查对象、如何收集数据、如何小组分工合作等,让学生能够在教师的指导和帮助下开展体验活动。而当学生对研究主题已经有了一定的经验后,教师便可以设计开放性更强的体验活动,在提供必要的学具、工具等技术支持后,给予学生充分的自主选择和实验的机会。

2. 体验过程的个体关注

在数学综合与实践活动的实施过程中,面对开放性、综合性、实践性程度高的任务,大部分学生的思维也能够呈现出主动性、创造性、敏捷性等特点。因此,综合与实践活动多采取小组合作体验的形式展开,在小组内共同解决数学问题,使学生产生良好的体验感受,也利于学生养成良好的合作学习、勤于思考的习惯。但在小组合作体验的活动模式下,教师不仅要关注小组合作体验学习的结果,更要关注每一位学生个体的体验,积极地给学生个体的体验创造表达、展示的机会,促使学生在交流的过程中大胆表达和反思总结,最终获得良好的活动体验。

3. 后续体验的积累孕育

综合与实践活动让学生的体验渐入佳境。可活动结束了,是不是意味着学生的体验就戛然而止了呢?答案显然是否定的。根据杜威实用主义哲学理论中经验连续性的思想,学习者不是从具体体验到行动应用之后又回到了原先的具体体验,而是进入了复杂程度更高的螺旋上升的循环,实现了学习者经验的改造与重组。从这个角度来说,学生的每一次体验都是全新的,通过综合与实践多元体验活动,我们要让学生永葆好奇心,关注后续体验的积累孕育,不断激发学生的发展潜能。

总之,小学数学综合与实践课堂应强化学生的多元体验,引导学生体验生活联结、体验认知冲突、体验学习的成功。这些体验对于学生积累活动经验、解决真实问题、发展核心素养具有极为重要的意义,从而实现学科育人目标,促进学生身心和谐发展,丰富学生情感体验,推动学生在体验学习中得到全面的、可持续的积极发展。

案例 1　体育中的数学

【导读】

《义务教育数学课程标准(2022 年版)》附录 1 中的例 61 对"体育中的数学"主题活

动做了如下说明:体育运动中包含着各种各样的信息,如奥运会等重大赛事的成绩、足球赛中的抽签分组、篮球赛中运动员的技术统计、运动中的营养健康。学生可挑选自己感兴趣的内容,通过查找、梳理信息,提出并解决数学问题,进一步感受数学在生活、社会、科技中的广泛应用。作为科学基础的数学学科是否能为体育运动与身体健康的研究提供方法和路径并进行相关知识的衍生和拓展? 基于此想法,本主题活动选取了学生感兴趣的运动和身体变化为主要话题,结合日常教学实践,以体育运动和数学数据收集分析为主要支点,整合数学、体育健康相关知识,将实践内容进行扩展和深入,通过"提出问题、制定方案、实验讨论、反思引申"4个环节探究运动前后脉搏变化的规律,并在自主探索和合作交流的过程中获得经验积累。目的在于突出强调多学科知识在解决共同问题中的协同作用,体验问题解决的过程,起到综合与实践学习的效果。本主题活动具体安排如表3-3所示,下面将重点介绍第三课时的教学过程,突出在实践中感受统计和平均数知识的实际应用。

表3-3 "体育中的数学"活动实施指南

活动主题	体育中的数学	建议课时	3课时
活动目标	(1) 通过实践活动感受运动和身体的变化,体会数学与体育运动以及日常生活的联系,培养学生的综合素养 (2) 从真实的任务情境出发,经历发现问题、分析问题,运用跨学科知识解决问题的过程,形成质疑探究的科学精神,培养学生的综合实践能力 (3) 融合数学、科学、体育健康三学科知识,完成主题活动,制作活动宣传小报		
实施准备	教学课件、计时器、运动器材、呼吸系统模型、循环系统模型、记录表、统计表模板		
课时安排	**具体活动内容**	**课时目标**	
第一课时 我是小小 设计师	了解运动后身体变化的原因,学习人体呼吸和循环系统的相关科学知识,制定研究计划,做好研究的前期准备	了解运动对于循环系统和呼吸系统的相关知识,能根据问题设计研究方案,学习研究方法,做好研究准备	
第二课时 我是小小 运动员	通过广播操、跳绳、仰卧起坐等项目,感受运动前后身体心率和呼吸的变化过程,记录小组呼吸和脉搏的相关数据,学习正确的运动方式	经历不同体育运动前后呼吸和脉搏的变化,感受运动前后身体的变化过程,会收集整理相关数据,学会用正确的运动方式锻炼身体	
第三课时 我是小小 统计员	计算小组运动前后呼吸和脉搏的平均数,绘制统计图和统计表,总结活动过程,学习正确的运动方式,撰写小结,制作运动健康小报	感受通过实验收集数据的一般方法,进一步理解平均数的意义,增强用平均数分析数据的意识和能力,培养初步的数据分析观念。学会正确的运动方式。在活动整理中培养独立思考与合作交流的意识,体验参与主题活动的乐趣,积累活动经验,增强学好数学、学好体育的自信心	
活动成果	(1) 运动前后身体变化情况统计图、统计表 (2) 运动与身体的变化手抄报		

体育中的数学（1）——我是小小设计师

关联知识	科学：呼吸系统和循环系统的知识，影响脉搏和呼吸次数的相关因素，脉搏和呼吸次数的计量方法

驱动性问题	活动支架
(1) 运动后身体会发生哪些常见的变化？ (2) 为什么会出现这些变化，我们应该怎样进行问题研究？ (3) 活动过程中我们需要注意什么？如何准确测量脉搏和呼吸次数？ (4) 如何研究不同的运动方式对身体的变化影响？	(1) 认识运动后身体的常见变化。了解呼吸和循环系统的相关知识。学习计量脉搏和呼吸次数的方式（为了避免误差较大，一般计量 10 秒脉搏数，再乘 6 得到 1 分钟心率） (2) 四人小组形成学习共同体。小组设计具体活动方案，研究提出的问题 (3) 小组讨论选择本组的运动和记录方式

体育中的数学（2）——我是小小运动员

关联知识	体育与健康：运动前后做好热身运动和放松运动，以及正确的体育锻炼方式

驱动性问题	活动支架
运动前我们要做好哪些准备？运动后我们又应该做哪些舒缓运动？	(1) 教师做好运动示范，提出运动要求 (2) 学生分组进行跳绳、广播操、仰卧起坐运动实践，并做好数据收集记录 (3) 做好运动后的身体放松练习

🔍【分析点评】

在"我是小小设计师"活动中，围绕核心问题"运动后身体会发生哪些常见的变化"引发学生思考，带领学生认识常见的呼吸和脉搏的变化，根据身体模型，简单认识身体中的呼吸系统和循环系统，了解引起变化的原因以及生活中影响脉搏和呼吸次数的相关因素。让学生学习正确计量脉搏次数和呼吸次数的方法,并讨论交流怎样可以快捷计量呼吸和脉搏次数。学生讨论后明确,运动后脉搏和呼吸次数会随之上升,一般测 10 秒钟脉搏次数和呼吸次数,再乘 6 计算出 1 分钟的次数。学生组成四人学习小组,形成学习共同体。探讨并设计具体活动方案,验证提出的问题。确定记录方式和方法,学习秒表的使用方法。通过这样的形式,打破书本知识和生活实践的界限。通过关联科学知识学习,简单了解呼吸系统和循环系统知识。教师引导学生通过想一想、议一议、说一说,既清晰地厘清活动的步骤和方法,又能更加深刻地体会到需要通过实验收集数据的重要性,从而培养学生在真实情境中解决问题的能力。

"我是小小运动员"活动则充分利用体育课进行 1 分钟跳绳、仰卧起坐、广播操实践。为使后续实验结果能更加准确,教师首先示范跳绳、仰卧起坐和广播操 3 项运动的规范动作,并提出运动要求。同时带领学生做好运动前的热身活动,降低运动中的受伤风险。实验中,学生首先测出运动前 10 秒的脉搏和呼吸次数,记录在表格里。接着分小组进行跳绳、广播操、仰卧起坐,运动后立刻测出 10 秒后的脉搏和呼吸次数。休息 2 分钟后,再测出 10 秒后的脉搏和呼吸次数。在这一过程中,学生不仅锻炼了身体,还切身感受到了运动对身体脉搏和呼吸的变化影响。每位学生在体育课上的实际体验也使理解后续的数学问题变得更加容易。

体育中的数学(3)——我是小小统计员

关联知识	数学:根据具体问题进行数据分段整理;结合实例理解平均数的意义,计算简单数据的平均数;认识调查表,根据需要设计简单的调查表;用统计表和统计图描述数据,对数据进行一些简单的分析比较 体育与健康:运动前后如何做好热身运动以及正确的运动方式
教学目标	(1) 经历收集、整理、分析数据的过程,进一步理解平均数的意义,体会平均数在数据分析过程中的作用,培养初步的数据分析观念 (2) 在参与活动的过程中培养独立思考与合作交流的意识,体验参与数学活动的乐趣,积累活动经验,增强学好数学、科学、体育与健康的自信心
教学准备	计算器

驱动性问题	活动支架
(1) 如果想知道一个班级的总体水平,可以怎么办? (2) 根据计算的平均数结果,小组同学的脉搏和呼吸次数是怎样变化的? (3) 3 个项目对比,你发现了什么? (4) 回顾活动过程,你有什么感受?我们是如何进行问题研究的? (5) 你还想研究哪些运动与身体的变化?	(1) 汇总小组内数据,计算小组成员的平均数 (2) 小组汇报结果,观察数据,说一说有什么发现 (3) 自主整理结果,制作统计图,交流对比结果,从图中发现什么,验证猜想 (4) 回顾反思活动过程,整理活动方案和流程,总结收获 (5) 学习科学的锻炼方法,保护我们的身体 (6) 撰写活动小结,制作手抄报

【教学过程】

一、提出问题

师:上一节课我们分小组测量了 1 分钟跳绳、仰卧起坐、广播操 3 项运动在运动前、运动中、运动后的 3 次呼吸和脉搏的次数,同学们都很认真地进行了记录,从这些数据中你发现了什么?

生：不管是什么运动，我发现只要运动后脉搏和呼吸的次数都会变快，休息后逐渐恢复到之前的状态。

师：上面得到的是每个人在运动过程中脉搏的变化情况，那如果想知道一个组的总体水平，可以怎么办？

生1：计算平均数。

生2：制作小组的统计图来表示。

师：是的，平均数用于表示一组数据的总体水平。

师：我们怎样计算小组的平均数？

生：我们记录的是10秒脉搏的次数，需要先乘6得到1分钟脉搏的次数，再把小组同学的都加起来除以4得到1分钟平均脉搏次数。

二、数据分析

1. 跳绳运动引起脉搏次数变化

师：请大家先分别算出本小组4人跳绳运动前、运动中和运动后1分钟脉搏的平均数，再根据算出的平均数回答下面两个问题。遇到除不尽的情况可以四舍五入保留整数。

问题：

(1) 从计算出的平均数来看，小组同学的脉搏是怎样变化的？

(2) 运动前后，你的脉搏次数与本小组的平均数相比，差别大吗？

学生小组合作完成，并讨论交流，展示结果。

生1：我们组运动前脉搏的平均数是78次，运动中脉搏的平均数是141次，运动后脉搏的平均数大约是92次。

生2：我们组运动中脉搏的平均数是147次，运动后又和运动前相差不大了，是89次。

师：通过计算我们发现，跳绳运动使脉搏加快，休息一段时间后脉搏又慢慢恢复了正常。同学们算出的平均数表示一组同学脉搏的总体水平，也反映了我们四年级同学脉搏的大致范围。一般情况下，我们四年级同学的脉搏，在运动前每分钟是70～90次，在跳绳运动中每分钟是120～150次。有的同学会高一些，有的同学会低一些，但大致在这一范围内。你能用统计图的形式表示出你们小组的数据情况吗？小组合作完成。

生1：我们小组做成了平均数的条形统计图，能够清楚地看出小组每个人的脉搏都是先慢后快再慢。

生2：我们组用折线图的形式表示，折线图能够清楚地表示出变化情况。

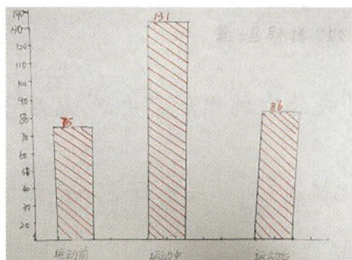

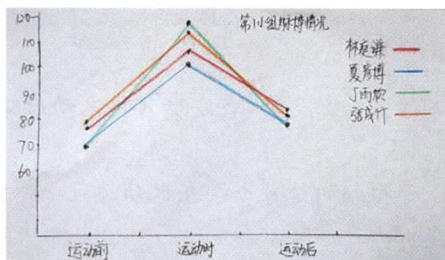

2. 其他运动引起的脉搏次数变化

师：我们一共体验了3项运动，结合你的运动体验，猜一猜哪项运动引起的脉搏次数变化是最多的呢？

生1：我猜是仰卧起坐，因为我做仰卧起坐时最费劲。

生2：我猜应该是跳绳后脉搏最快，因为我跳完绳感觉气喘吁吁的。

师：看来光靠感觉难以判断了，怎样知道到底是什么运动呢？

生：算一算，比一比，就可以知道哪项运动引起的脉搏次数变化是最多的。

师：下面我们算一算并观察数据，你想到了什么？

生：通过对比，我们发现1分钟跳绳后脉搏是最快的，有同学运动时达到139次，其次是仰卧起坐，广播操心率在110左右。

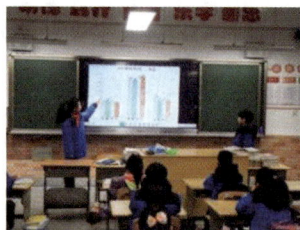

师：通常情况下，体育运动都会引起脉搏的变化，而不同的运动所引起的脉搏变化程度也不同。运动量小，脉搏频率波动就小；运动量大，脉搏频率波动就大。

3. 不同运动引起的呼吸次数变化

师：用相同的时间进行不同的运动，呼吸变化的情况会有不同吗？

同桌互相交流想法。

师：小组内选择一项运动计算运动前、中、后呼吸次数的平均数，看一看这次运动引起的呼吸变化是怎样的？再和脉搏的变化比一比，你有什么想法？

生：我们组计算了呼吸次数的平均数，发现呼吸次数也是随着运动增加的，运动后慢慢回到运动前的次数。

师：正常状态下一个成年人1分钟的呼吸次数大约是脉搏次数的 $\frac{1}{4}$。

三、活动反思

师：通过对实验数据的分析，你对运动与身体的变化有了哪些新的认识？

生1：只要我们运动，身体就会发生一系列的变化。

生2：运动时呼吸和脉搏都会加快，帮助身体输送氧气。

生3：我们可以根据每位同学所记录的自己运动前后的脉搏数据进行分析。

师：回顾活动过程，想想我们研究了什么问题？怎样研究的？研究问题的过程有什么体会？

生1：我们研究了运动和身体的变化，知道在研究一个问题时要先想好方案，然后实验，通过收集实验数据来说明问题。

生2：有时候实验数据会有误差，一个数据不能说明问题，通常需要多次实验才行。

生3：我知道运动要有正确的方式，适当的运动有助于我们的身体健康。

介绍：田径运动时，体育老师通常会注意到运动的适度性，也就是合理调控运动的负荷。运动负荷过小，对身体作用微不足道，起不到强身健体的作用；运动负荷过大，人体又会产生疲劳，影响正常的学习和生活。因此，学校每天安排适度的运动，而运动负荷的重要依据就是心率。一般广播操放在阳光体育的时间，适合全体学生参与，可以适当舒缓、调节上课压力。短跑、仰卧起坐、跳绳、高抬腿通常作为体育课的项目，时间不宜过长，需要在老师的带领下进行。学校的体育运动安排充分考虑了小朋友们身体的适应性。

四、活动延伸

师：今天我们用统计中平均数的相关知识研究了运动与身体的变化，通过这个研究，我们不仅解决了问题，还了解到在体育运动时根据脉搏和呼吸的节奏来合理调整运动方式及运动强度是非常重要的，这样可以实现科学运动，促进我们的身体健康。你还想研究运动与身体的哪些变化？

生1：我想研究为什么运动后脸会变红。

生2：我想知道为什么前一天运动后第二天起来腿会很酸。

生3：我想知道哪种运动能够快速减肥。

师：这些都是非常好的问题，课后大家可以自主查阅相关资料，并根据今天所学的知识制作一份健康小报，宣传健康的运动方式。

（本主题活动由南京致远外国语小学分校时晨老师执教）

附：学生健康小报作品

🔍【分析点评】

数据分析是本次主题活动的重点内容,围绕问题"如果想知道一个组的总体水平,可以怎么办",激发学生思考,引导学生汇总小组内数据,计算小组成员呼吸和脉搏的平均数。计算过程中,教师适时引导学生可以利用计算器,运用近似数知识使结果保留整数。根据小组计算结果,引导学生观察数据发现:我们班同学1分钟跳绳后平均心跳和呼吸最快,其次是仰卧起坐,然后是广播操。全班数据充分说明,在通常情况下,体育运动会引起脉搏和呼吸次数的变化,而不同运动量所引起的脉搏和呼吸变化程度也不同。通过有理有据地思考以及有条理地表达的过程,体会不同运动强度与身体脉搏和呼吸次数变化的相关性,积累收集和整理数据的经验。以小组为单位呈现实验数据,启发学生运用平均数知识对数据进行分析和比较,感受数据蕴含的信息,体会平均数在描述和分析数据过程中的作用。感受统计表、统计图的应用,培养学生在大数据时代背景下的数据分析和应用意识,自主探索并发现由运动引起的脉搏和呼吸频率的变化,进一步积累分析和比较数据的经验,感受数据的随机现象,也为后期进一步学习较复杂的统计表和统计图奠定基础。

活动反思环节通过说一说"研究了什么问题?怎样研究的?",引导学生回顾活动过程,分享收获体会,梳理活动中获得的知识与经验,感受实际研究价值。知道实验过程中需要用数据证明猜想,可以使用统计表和统计图的形式来表达实验结果,通过平均数描述整体情况。培养用数学的眼光观察现实世界、用数学的思维思考现实世界、用数学的语言表达现实世界的意识。同时进一步增强对体育锻炼的知识理解,了解健康的锻炼方式,知道运动对我们的循环系统功能、呼吸系统功能有显著提高,而不当的运动方式会损伤身体。体育课上脉搏的频率是衡量运动强度的重要指标。活动延伸环节,要求学生利用课后时间继续研究不同运动所引起的身体变化,把小研究从课内延伸到课外,同时也自然回应了开始环节设置的疑问,为学生提供了再次用自己所学方法解决问题的机会,使得研究活动得以继续深入下去。①

🔍【案例分析】

一、在多元主题活动中体验真实情境中的问题解决

哲学家梅洛庞蒂认为,教育教学必须重返身体活动经验领域,重视实践的意义和价值,发现、提出、分析和解决问题的过程是数学学科特征的高度凝练,也是数学课程标准主张的发展学生核心素养的重要途径。②"体育中的数学"主题活动以学生每天运动后身体会有哪些变化的实际问题作为驱动任务,为学生提供开放性的思维场域,激励学生通过多种运动实践来探索身体的奥秘,进而进入真正的沉浸式体验,积累初始体验。在实践总结中,很多学生提出后续的研究问题,例如:运动后脸为什么会变红?运动后心理会有哪些变化?运动可以让我们更加开心吗?运动会让我们变得更聪明吗?有的同学希望进一步研究最大心率、基础心率、无氧运动、有氧运动等相关知识。这些真实情境中的问题体验将激发学生的研究欲望和学习兴趣,引导学生在后续的学习中继续探究。正如杜威的"从做中学,从经验中

① 王丽、李亚林.积累数学活动经验发展数据分析观念——"运动与身体变化"教学实录与评析[J].小学数学教育,2016(Z2):82 - 84.
② 孙学东.如何设计和实施数学跨学科实践项目[J].人民教育,2022(15):102 - 103.

学",真知需要在运用、交流、尝试、体验中获得经验。真实情境中的问题解决的体验,是学生在不确定性中追求确定的结果的内在组成部分,解决问题能让学生切身感受到自身的存在,也通过克服困难缩短自身与客观世界、与书本知识的差距,让学生拥有终身学习的热情和品格。

二、在多元主题活动中感受用数学的眼光观察现实世界

数学教育家弗赖登塔尔认为,知道数学与现实世界的联系,应作为排在第一位或最重要的数学素养。[①] 在本次活动中,教师引导学生通过呼吸和脉搏数据的收集、整理分析、求平均数的过程,自主探索并发现由运动而引起的脉搏和呼吸次数的变化,体会跳绳、仰卧起坐、广播操等不同强度的运动与脉搏呼吸变化之间的相关性,感受利用数据有理有据地思考以及有条理地表达的过程,积累收集和整理数据的经验,体会数据的随机性。以小组为单位,以不同统计表和统计图的形式呈现实验数据,启发学生运用平均数对数据进行分析和比较,感受数据蕴含的信息,初步体验平均数在描述和分析数据过程中的作用,发展学生的数据分析观念。通过对脉搏和呼吸次数的分析,学生发现做广播操这种舒缓运动时脉搏不会太快,属于中等强度的运动,可以使全身肌肉得到放松,缓解疲劳,适合全校同学阳光体育时进行。而进行短跑、高抬腿、跳绳等运动时脉搏跳动快,属于高强度运动,动作相对单一,目的是让身体的某些部分得到较多的锻炼,通常在体育课上老师的指导下进行。

在研究"不同运动的脉搏变化情况""相同时间进行不同运动的呼吸变化情况"两个问题时,学生自主猜想后感受到单纯依靠生活经验难以做出准确判断,从而产生了生活经验与实际结果之间的矛盾体验,由此学生逐步感受到解决生活中的问题应先做调查研究,选择合适的方法收集数据,从数据分析中体验随机性,从中发现规律,养成用数据表达的习惯,感受数据的力量,形成和发展数据意识。

三、在多元主题活动中促进学生综合素养的提升

跨学科学习是解决一系列问题的过程,多元问题之间相互关联,要求学生必须调动多学科的知识和工具,形成整体的结构化思路,站在全局视野去观察和思考。本次主题活动以体育与健康和数学为切入点,将数学、体育与健康的知识相融合。通过学习循环系统和呼吸系统的相关知识并查阅资料,了解循环系统和呼吸系统在身体中的基本功能。通过体育课的锻炼,切身感受到运动后自己身体的变化,再通过数学课的数据整理和分析,发现运动前后脉搏和呼吸次数有着明显的变化。最终通过活动的回顾整理和反思,体会运动对身体呼吸系统、循环系统带来的机体功能的影响,感受到科学的身体锻炼对儿童生长发育的重要性。在活动的最后,教师引导学生回顾反思实验活动过程,打造学生的峰值体验。"想想我们研究了什么问题? 怎样研究的? 研究问题的过程有什么体会?"不仅指向平均数知识的巩固与练习,还包含数学思考发生、问题解决、同伴间的合作交流反思和情感态度的变化以及对自己体质健康的进一步了解,使学生看待世界的视角更加多样化、整体化、结构化。指向学科育人根本任务的落实,有利于促进学生的身心健康和综合素养的全面发展。正如郭华教授所说:"这样的跨学科学习绝不是为了一个好分数、上一所好大学,而是源自对世界本身的好奇,源自对人类社会发展的使命感。"

---

① 杨杰军.促进小学生"会用数学的思维思考现实世界"的教学策略研究[J].小学教学设计(数学),2023(14):31-35.

第四章
数学综合与实践活动的评价

第一节　评价的主体多元

《义务教育数学课程标准(2022年版)》相关内容：

评价主体应包括教师、学生、家长等。综合运用教师评价、学生自我评价、学生相互评价、家长评价等方式，对学生的学习情况进行全方位的考查。如学习单元结束时，教师可以要求学生设计一个学习小结，对学生的学习情况进行评价，也可以组织学生在班级展示交流学习小结让学生互评，以及让学生自评总结自己的进步，反思自己的不足，汲取他人值得借鉴的经验。

《义务教育数学课程标准(2022年版)》指出：发挥评价的育人导向作用，坚持以评促学、以评促教。相比于2011年版"评价的主要目的是全面了解学生数学学习的过程和结果，激励学生学习和改进教师教学"，既是继承，又有发扬。无论是2022年版还是2011年版的课程标准，都提倡改变以往单一评价主体的状况，强调评价主体的多元化。多元化的评价主体更容易从不同角度发现学生成长中的优势与不足，多方面的信息令评价结果具有更强的说服力和指导性。其目的是更好地调动学生学习的积极性，帮助他们有效地调控自己的学习过程，增强自信心，培养合作学习意识，使学生从被动地接受评价转变成为教学评价活动的主体和积极参与者，从而实现"尊重学生的个体差异，有利于每个学生的健康发展"。

多元的评价主体包括教师、家长、学生个体和学生群体四方，将教师评价、学生自评和互评、学生与教师互动评价以及家长评价相结合，不同的评价主体使得评价对象能多方面被深入了解，并且将评价过程显现化和精细化，从而使评价更加全面客观，优点不会被忽视，同时存在的问题也容易显露出来。正如《教育部关于积极推进中小学评价与考试制度改革的通知》中"学生评价的措施与方法"里提到的"要有教师、同学、家长开放性的参与"，他们各自的职责是：以学生自评作为评价的基础，促使学生学习观察自己的言行，促进自我意识的发展；以同学互评作为评价的依据，同学间彼此熟悉与了解，使得互评的结果客观而全面；以家长参评作为评价的参考，关注学生在家校协同中发展；以教师导评为导向，由教师汇总、整合多方意见，对学生做出科学的、有利于学生发展的评价。

哈佛大学的霍华德·加德纳教授提出:"每个孩子都是一个潜在的天才儿童,只是经常表现为不同的方式。对于一个孩子的发展最重要、最有用的教育方法是帮助他寻找到一个他的才能可以尽情施展的方法,在那里他可以满意而能干。"充满活力的新课堂、新校园、新教育,呼唤"以学生的发展为本"的多元化评价方式,评价主体多元能更好地发现学生的潜能,有效地促进学生主动、健康地发展。在新课改背景下,教师必须用足、用好评价手段,给予学生自信和快乐,让他们在评价中不断完善自我、提升自我。

在数学学习过程中,评价既要关注学生对知识的掌握,也要关注学生在学习过程中的成长与变化;既要关注学生分析和解决问题的能力,也要关注学生发现和提出问题的能力。要通过评价帮助学生增强学习数学的自信心,提高学生学习数学的兴趣,帮助学生形成良好的数学能力,促进学生核心素养的发展。据此,在评价主体多元的评价活动中,重点环节应是学生的自评,通过主动参与评价活动,进行自我反思与审视,进而发现和认识自己的进步和不足,将评价作为学生自我教育和促进自我发展的有效方式。

在强调评价主体多元以及学生自评重要性的基础上,原来单一的评与被评的对立关系,转化成了以评价对象为中介联结而成的多元的统一体,形成了平等的协作关系。教师的角色从评价的权威变成了评价的"合作者""协调者""引导者"。"合作者"意味着教师与学生、家长结成同伴关系,共同致力于学生的发展;"协调者"表明教师是评价主体间的纽带,要促进各主体的有效沟通;"引导者"肯定了教师在评价中不可或缺的地位,要给予其他评价主体专业的、及时的帮助。学生被赋予了评价主体的角色,有了为自身发展说话的权利,学习成为一个促进自己成长的机会,评价成为一个对自己负责的活动。对家长而言,参与评价就是提高家长在孩子成长过程中的参与度,使家长能更深入地了解学生、了解教师、了解教育,家校协同,更好地帮助自己的孩子健康成长。

案例 1　正确认识自我

【导读】

经过小学 6 年的学习生活,学生对自我及他人都有了一定的认识。为了给小学生涯的学习生活画上圆满的句号以及更好地开启今后的学习生活,组织学生开展自我评价主题活动。

本主题活动从数学学习的六大内容开始,先着重引导学生对数学学习的六大内容进行评价,通过条形统计图的方式进行打分,并在此基础上进行展示。条形统计图能让学生直观感受到自己在数学学习中哪些方面做得比较好,哪些方面还有提升的空间。接着再借助雷达图建立直观模型,让学生对自己的数学学习情况有清晰、真实和客观的认识。随后拓展到其他学科,再通过对学科学习的评价,引发学生深度思考:学好任何一门学科需要哪些学习品质? 通过讨论明确:学会倾听、积极思考、勤于练习、乐于探究、勇于表达、善于合作这六大品质可以用来评价各个学科的学习过程。最后讨论如何全面评价一个人,引导学生在自律能力、学习能力、组织能力、专注能力、执行能力、表达能力上不断提升自我,努力做一个优秀的人。

正确认识自我是一个持续的过程,需要不断地反思、观察和学习。通过正确认识自我主题活动,可以帮助学生更好地了解自己的优势和不足,从而更好地应对挑战、实现个人目标,并与他人建立良好的关系。

除此之外,教师可以引导学生请家长、同学以及教师等对自己展开评价,学生则可以做一名听众,听取身边不同的人对于自己不同的评价,还可以和大家展开互评,在了解别人想法的同时也让他人了解自己的想法,这样才可以使得教学评价多元化。科学有效的学生自我评价能帮助其激发出自己内在的动力,让学生在评价中收获和成长;帮助学生内化周围各种类型的评价目标以及标准,促进学生逐渐养成良好的自我评价习惯;有助于学生在学习时对于自己的行为进行深刻认识和调整,进而形成正确反思以及自我调节的学习机制。①

【教学目标】

(1)通过讨论,明确评价学习可以从哪些方面进行,帮助学生客观地认识自己的学习情况。

(2)通过设计评价雷达图,帮助学生全面认识事物,培养分析问题的能力。

(3)通过进行自我评价以及听取他人评价,清楚自己的优点与不足,正确认识自我,在以后的学习生活中能更好地提升自我。

【教学准备】

课件。

【教学过程】

一、回顾过往,激活经验

师:同学们,经过6年的学习,想必大家都积累了一定的学习经验,今天我们就来回顾和评价我们6年来的学习。你觉得我们可以从哪些方面来评价我们数学学科的学习?

生1:计算是不是过关。

生2:解决实际问题是不是思路正确。

生3:我觉得有一些问题若掌握了本质,就能解决一类问题了。

生4:还要能发现一些规律。

生5:有的时候我们需要根据几个条件去推出一些结论。

生6:能用不同方法解答问题。

小结:同学们提到了运算能力、应用能力、抽象能力、观察能力、推理能力和创新能力,我们就从这几方面进行评价。

二、建立模型,自我评价

师:如果我们用直条图把刚才整理的结果表示出来,就能清晰地看到自己的优势和不足。

师:如果规定每一项满分10分的话,我们就得到了一幅可以用来对自己的数学学习进行评价的条形统计图。你能先这样进行自我评价吗?在每种能力中涂色打分,然后在小组内交流。

① 王红岩.教学评价主体多元化的分析研究[J].课堂内外(高中教研),2022(8):133-135.

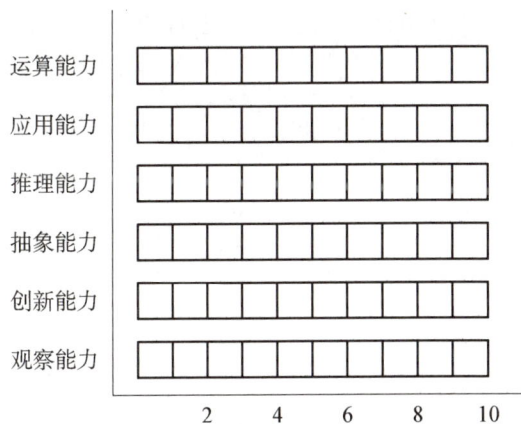

学生自主评价。

展示学生作品：

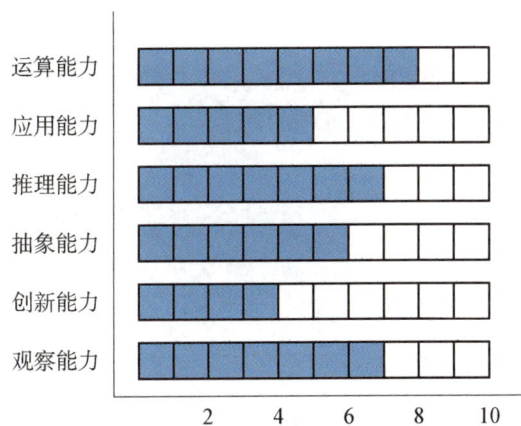

师：你看懂这位同学的自我评价了吗？让我们一起来听一听他的心声。

生：我觉得我最强的是运算能力，其次是观察能力和推理能力，在创新能力和应用能力上比较弱，还需要加强。

师：借助图来评价自己显得很直观，让人一看就明白。我们还可以把这6项能力看作6个顶点，依次把它们连接起来，就会形成一个六边形。

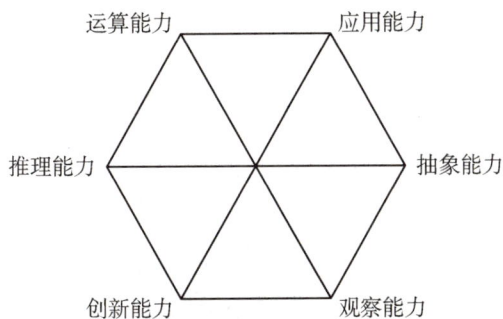

师：每一项满分10分的话，我们依次分几个档次，分别是：2分、4分、6分、8分、10分。这样我们就得到了一幅可以用来对自己的数学学习进行评价的雷达图。

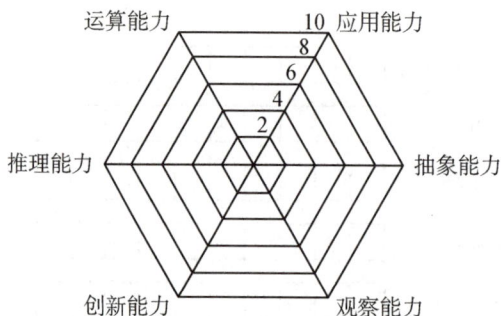

出示活动要求:为自己的各项能力评分(0~10分),在雷达图中标出自己各项能力的分值;将代表各项分值的点连起来,并给所构成的封闭图形涂上颜色。

学生自我完成评价雷达图。

生1:我自认为在应用能力和抽象能力方面一直以来比较好,但是观察能力稍微弱了一些,运算能力、创新能力和推理能力还有一定努力的空间。

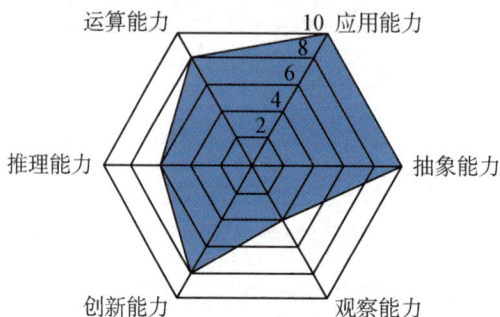

师:你发现了自己的优点,也找到了自己的不足,对自我的认识非常到位。同学们根据这幅图可以给他一些什么建议呢?

生:我认为在今后的学习中你可以扬长避短,发挥自己应用能力和抽象能力强的长处,但也要努力培养自己的观察能力,长此以往,一定会有进步。

师:再来看这位同学的自我评价,请他来为大家介绍。

生2:我自认为在抽象能力和观察能力方面一直以来比较好,但是运算能力、推理能力、应用能力和创新能力不太行。

师:建议你保持优势,弥补不足,比如多练练计算,遇到问题多思考。

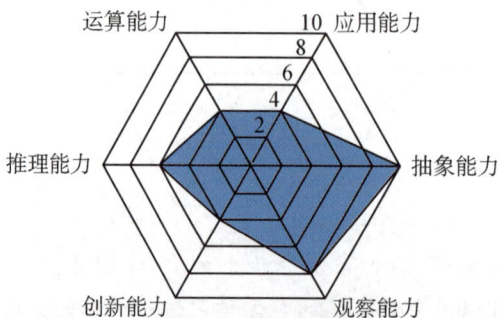

三、拓展学科，自主迁移

师：同学们，刚才我们设计了数学学科的学习评价雷达图，对我们自己的数学学习进行了自我评价。你能给别的学科设计一幅这样的评价雷达图吗？

出示活动要求：选择一门学科，先想一想这门学科可以从哪些方面去评价，再完成雷达图的设计，最后在小组内交流，有不合适的可以修改。

生1：我选择的学科是语文，我认为语文的学习离不开六大要素：书写能力、阅读能力、表达能力、理解能力、写作能力、积累能力，所以我设计的评价雷达图也是由六边形构成的。

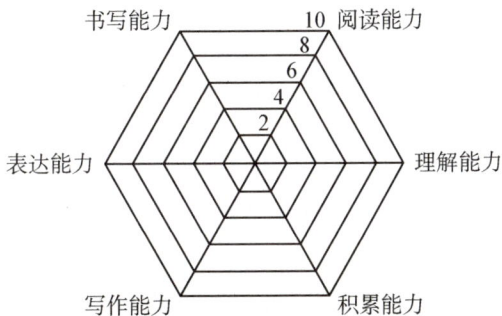

师：大家觉得他的语文学科评价雷达图设计得怎么样？

生1：很全面，基本上包括了语文学习的方方面面。

生2：虽然我选择的学科是英语，但我发现英语学习的几个重要能力和语文似乎很像，也可以用他的这幅图来表示。

师：的确，语言学习具有共通之处。

四、比较异同，提炼本质

师：同学们，刚才我们着重研究了数学学科的自我评价，同时还设计出了不同学科的评价雷达图。虽然每门学科评价的内容不同，但要学好它们都要具有良好的学习品质。具体来说有哪些品质呢？先在小组里讨论。

生1：上课认真听讲，除了听老师讲课，也要注意倾听别的同学发言。

生2：积极思考老师和同学提出的问题。

生3：要多练一些题目，而且作业必须自己独立做。

生4：不懂的问题要多花时间和精力去挑战它们。

生5：要大胆发表自己的意见，表达自己的观点。

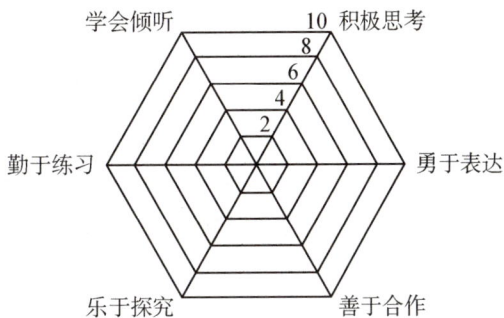

生6:对于很难的问题可以和同学合作完成。

小结:学会倾听、积极思考、勤于练习、乐于探究、勇于表达、善于合作是优秀的学习品质。

师:下面我们每人先评价自己的学习表现,再请你认为最熟悉你的同学评价你的学习表现,例如同桌或小组长。

学生自评、互评,交流反馈。

师:通过自我评价与他人评价,能使我们更好地认识自我。

五、总结反思,拓展延伸

师:通过今天的活动你有什么收获?

生1:我知道了学习的评价不仅可以依靠老师,还可以自己进行评价和让同学进行评价。

生2:在评价之前,我们要知道按照哪些标准来进行评价。

生3:评价要客观公正。

师:是啊,古语"知不足,然后能自反也;知困,然后能自强也"说的就是这个道理。其实不只是学习,全面评价一个人,也可以采取我们今天的方式,通常会从这些方面进行评价。

出示雷达图:

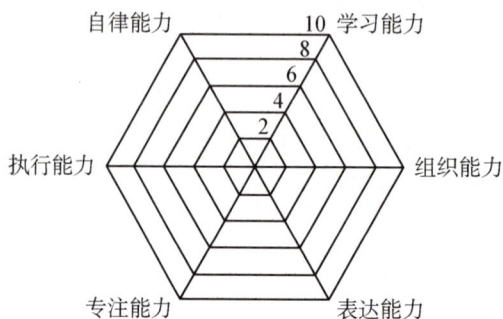

师:请尝试从这几方面评价自己,希望大家在今后的学习和生活中能够客观地看待自己,合理地评价自我,让自己成为一个优秀的人!

(本主题活动由南京市建邺实验小学分校饶正凯老师执教)

🔍【案例分析】

青少年阶段保持心理健康,促进人格健全发展,核心在于是否能正确看待自己。小学阶段是青少年期的初期,打好基础会使其之后的成长事半功倍。但在实际生活中,有很多小学生对自我的了解不足,有些对自己不够自信,有些则过于乐观。鉴于此,在小学毕业前夕,教师组织学生进行自我评价,正确认识自我,发现自我。

一、模型表征,从教师评价走向自我评价

通常情况下,学习评价由教师唱主角,教师可以判定学生学习的好坏,而在本主题活动中,教师一开始先组织学生围绕数学学习的几个关键能力进行讨论,梳理出评价数学学习的6个方面,分别是运算能力、应用能力、抽象能力、观察能力、推理能力、创新能力。接着请学生借助条形统计图进行自我评价打分并展示,再用雷达图的方式呈现出来,让学生更直观地感受到自己在各方面能力上的差异,同时雷达图容易让人一眼看到优势,能提升学生的自信心。在后面的评价活动中,皆是以学生自我评价为主,学生在一次次的自我评价中,对自己的认识越来越清晰,反思越来越深刻,能正确、客观地认识自己,并以积极的态度面对自己的优点和不足。

二、学科迁移,从数学评价走向学科评价

在学生掌握上述评价方式后,教师引导学生主动讨论评价其他学科的主要维度有哪些,随后让学生自主设计其他学科的评价量表,学生发现语文和英语学科都可以通过书写能力、阅读能力、表达能力、理解能力、写作能力、积累能力这 6 个维度来评价。随后引发学生深度思考:哪些学习品质可以贯穿所有的学科? 通过讨论明确:学会倾听、积极思考、勤于练习、乐于探究、勇于表达、善于合作这六大学习品质可以用来评价任何学科的学习过程。整个环节教会学生如何看待事物,抓住关键所在,从本质上把握事物。

三、升华主题,从学习评价走向育人评价

通过对数学学科和其他学科的评价以及不同学科间的对比,学生已经掌握了评价学习的方式。教师在课尾请学生谈一谈对学习评价的体会,在此基础上出示评价一个人的标准,让学生顿时明白,其实我们今天学习的评价方式,不仅可以用来评价我们的学习,同样也可以评价我们的生活等各个方面,从而升华了本活动的主题,真正实现了从学习评价到育人评价。同时,从自评到他评也体现了育人宗旨。"他人眼中的我是怎样的""和我对自己的评价一致吗"这些问题引发学生更加客观地、准确地认识自我,也能虚心接受别人的意见和看法,真正做到悦纳自己,从容地面对今后的学习生活。

案例 2　有趣的拼搭

🔍【导读】

在一年级的数学学习中,学生学习知识的难度相对较低,很多学生在上小学前已经掌握了相关知识。但是在具体应用的过程中,又会出现知识与应用脱节的现象。俗话说:智慧出在手指尖上。综合与实践活动基于学生的年龄特点,以游戏、操作为载体,既充分调用了学生所学的知识,又让学生体验实际运用的满足感。因此,在学习直观认识长方体、正方体、圆柱和球这些立体图形后,设计"有趣的拼搭"综合实践活动,旨在让学生在动手操作中深化对图形的直观认识,激发学习数学的兴趣。

在活动中,教师依据教学目标,为学生量身准备了合适的足够数量的学习用具,包括若干个在面上贴好彩纸的长方体、正方体,若干个圆柱和球,每组一个袋子和箩筐等,以保证学生的操作,让学生在"玩"中学,调动了学生的学习积极性;在课堂讨论环节,教师给予了学生充足的自我思考时间和分享讨论时间,让学生的想法更加深入,将活动中的感悟准确表达,更能引发全体学生的思考,更有数学味;鼓励学生同桌交流、大胆追问,在分享和对比中逐步提升对于不同图形的感性认识和理性认识。通过具体的操作以及与生活经验的链接,学生不断深化对 4 种图形特征的感知,明确了哪些图形滚得远、哪些图形搭得稳,教师引导学生利用这些图形的不同特征衍生出对图形世界的想象。

活动中,除了教师对学生想法、作品的点评外,同时也更加注重同伴之间的互相学习和评价。《义务教育数学课程标准(2022 年版)》提出:评价不仅要关注数学学习结果,还要关注数学学习过程,激励学生在学习的同时改进教师教学。教师要坚持评价主体多元和评价方式多样,鼓励学生自我监控学习的过程和结果。学生与学生之间有着相似的生活经验和认知经验,与成人相比,更

容易有同样的思考角度,也更能理解同伴的想法,因此同伴之间的评价显得尤为重要。

🔍【教学目标】

（1）在活动中再次感受长方体、正方体、圆柱、球的不同特征,并利用这些特征完成一些简单的活动。

（2）经历观察、操作、反思等活动过程,积累活动经验,并准确表达图形的特点,发展初步的空间观念。

（3）能与同桌友好合作,理解活动要求并积极参与,学会倾听别人的想法和意见,能做出简单的判断和评价。

（4）感受数学在生活中的运用。

🔍【教学准备】

学具、课件。

🔍【教学过程】

一、角色扮演、激趣导入

师:在前几天的学习中,我们一起认识了长方体、正方体、圆柱、球。谁想上来为大家介绍一下这几个图形? 说一说它们分别长什么样子。

学生戴上相应的头饰,依次介绍图形。

二、游戏活动、感知特征

1. 活动一:小小魔术师

师:今天这节课我们就邀请它们跟我们一起做游戏。第一个游戏叫作小小魔术师。袋子里装着我们认识的 4 个图形,你能根据老师的要求试着把它们变出来吗?

出示要求:长方体。

学生蒙着眼睛找出长方体。

师:你是怎么找到它的?

生:摸的时候感觉面都是平平的,有的面大一些,有的面小一些。

请学生再摸出一个长方体。

师:比一比,这两个长方体一样吗?

生:它们大小不一样。

明确:虽然它们长得不完全一样,但都是长方体家族的成员。

师:想做小小魔术师吗? 下面我们请同桌一起来玩这个游戏。

观看视频示范,请一组同桌演示。

师:你觉得这两位同学合作得怎么样?

生:很好,他们说得很清楚,也找对了。

同桌活动,交流分享。

小结:其实我们就是靠着对图形的认识才准确地把它们从袋子里变出来的。

2. 活动二:小小建筑师

师:刚才我们都是成功的魔术师,现在再来比一比谁是优秀的建筑师。

出示活动要求:每次选择同一种图形堆一堆。

师：你怎么理解每次只选择同一种图形堆一堆这句话？你觉得谁好堆？谁不能堆？带着我们的思考动手试一试。

学生活动。

师：大家在堆一堆的时候为什么都没用球呢？

生：因为球圆圆的，会滚。

师：所以我们都用了长方体、正方体、圆柱，为什么它们3种图形就能往上堆呢？

生：因为它们的面都是平平的。

小结：只要把平平的面摆在一起就能往上堆。

师：这两堆图形都是用长方体堆成的，堆出的有什么不同？

生：左边是把长方体黄色的面叠在一起，右边是把长方体蓝色的面叠在一起。

师：我们把长方体不同的面叠在一起往上堆就能得到不同的形状。如果把这个正方体的两个面分别叠在一起堆6层，堆出来的形状一样吗？

生：一样。

师：为什么？

生：因为正方体的每个面都一样大。

小结：因为正方体的6个面都同样大，所以只要个数相同，一直往上堆，最后堆出来的形状也就相同。

师：这两个物体都是用圆柱堆成的，又有什么不一样呢？

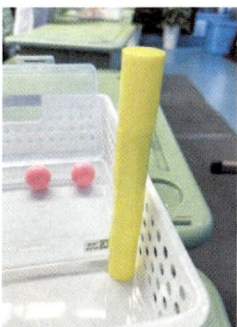

生：高度不一样，左边用了4个圆柱，右边用了3个圆柱。

小结：虽然他们都选择了平平的面作为底面，但堆的个数不同，最后的高度也就不同。

3. 活动三:小小设计师

师: 刚才我们是把相同形状的图形堆在一起,发现了里面有许多数学知识。如果现在给你不同形状的图形,你能试着做设计师动手搭一搭吗?

出示设计好的图案。

师: 老师搭好了几个图形,你能说一说它们分别像什么吗?

生: 东方明珠塔、小房子、国旗台。

师: 从这几个图形中,选择一个你最喜欢的照样子搭一搭。

学生活动。

师: 你觉得自己刚刚表现怎么样? 同桌的表现如何? 谁来夸一夸?

小结: 大家照着搭的时候观察十分细致,既准确地找到了需要用的图形,又注意到了每个图形的摆放位置。

师: 作为一名设计师,你能自己设计一个图形再把它搭出来吗? 比一比哪一组的作品更有创意。

展示学生作品: 说一说像什么。

小结: 我们每个小朋友的创造力都非常棒,将来一定可以继续发挥自己的奇思妙想,设计出更多有趣的东西。

4. 活动四:小小计数师

师: 设计出作品后,请大家再帮忙做一名小小计数师,数一数这个图形中用到了几个长方体、几个正方体、几个圆柱和几个球。

学生数一数再交流汇报,明确要按顺序数。

师: 下面的图形中各有几个正方体？有困难的小朋友可以自己动手搭一搭。

小小计数师

（　）个　　　　　（　）个　　　　　（　）个

讨论: 第二幅图中的第四个正方体藏在哪里？

三、总结反思、拓展延伸

师: 今天我们做了好玩的图形游戏，大家对自己的表现满意吗？其实这些图形在我们的生活中随处可见，每一个都有自己的用处。除了这4种图形，图形家族里还有好多好多的成员，有兴趣的同学可以课后继续研究。

生活中的图形

（本主题活动由南京师范大学附属中学新城小学怡康街分校李苹老师执教）

🔍 **【案例分析】**

一、自我评价:自我反思,自我完善

在大部分传统课堂中,教师是课堂评价的主体,教师对学生的评价主要聚焦于学生是否听懂、是否理解所讲授的知识以及学生在课堂上的参与率等,教师更多的是扮演着课堂"裁判者"的角色。学生也十分依赖教师,几乎不会怀疑或质疑教师的想法,长此以往,学生的思维自主性逐步减弱。学生的自我评价是学习过程中必不可少的一环,教师在日复一日的课堂教学中需要逐步引导学生建立自我评价的概念,慢慢明晰自己的爱好、习惯、优势、缺点,为自我数学学习做好诊断,从而最终达到"高效低负"的学习目标。教师鼓励学生进行自我评价,这既是一种教育的人文关怀,是教师对学生的激励,是一种有温度的教育,又有利于学生从学习者的角色反思自己的学习行为,完善自己的认知结构。在"有趣的拼搭"主题活动中,每一个活动结束之后学生都会自觉地对自己的表现进行评价和反思,"我堆成功了吗""我设计得怎么样""我数对了吗"等,通过评价和反思为今后的操作积累经验。

二、同伴互评:知己知彼,互学互补

《义务教育数学课程标准(2022年版)》指出:学生毫无疑问是数学学习的主体和核心灵魂。学生参与教学评价,可以最大限度地调动班级学生的学习积极性,营造轻松愉悦、良性竞争的学习氛围。在课堂上,学生之间的评价活动是一个主动合作学习的过程。在进行评价时,要求做到公平、公正、公开,既要赞赏他人成果的优点,又要客观地指出不足,也可以提

出自己的建议或想法。例如,在"小小魔术师"环节,当学生介绍摸出的物体是"方方的"时,有些学生脱口而出"长方体",这时其他学生则提出了自己不同的想法。学生既赞同关于"长方体"的想法,明确其相关特征,又举例"正方体"帮助大家打开思路,实现了知识的融通。

三、教师评价:启发引导,润物无声

现代教育理念强调学生是学习的主体,并不是要直接否定教师主导的作用,而是想让教师回归该扮演的角色:学习的组织者、引导者与合作者。教师在进行教育教学活动时,一定要先了解学生的学习情况,分析不同阶段、不同水平儿童的生理特点、心理特点、认知规律以及个性,灵活、综合地运用各种评价方法,把控好评价的"度",讲究评价的艺术,将即时评价与延时评价结合,定性评价与定量评价结合,总结评价与过程评价结合。有时教师的肢体语言,相比有声语言,能更好地起到教育的作用。在本主题活动中,教师的一个拥抱、一个眼神、一个微笑、一个搀扶……都让学生感受到教师对自己真切的关怀,帮助学生建立自信,身心愉悦地投入到活动中。

第二节　评价的方式多样

《义务教育数学课程标准(2022年版)》相关内容:

主题活动的评价是综合与实践的重要组成部分,应当关注过程性评价,对照主题活动的教学目标确定评价方式,不仅要关注学生对教学内容的掌握情况,还要关注学生参与活动的程度。

评价方式应包括书面测验、口头测验、活动报告、课堂观察、课后访谈、课内外作业、成长记录等,可以采用线上与线下相结合的方式。每种评价方式各有特点,教师应结合学习内容、学生学习特点,选择适当的评价方式。

根据学生的年龄特征,评价结果的呈现应采用定性与定量相结合的方式,关注每一名学生的学习过程。第一学段的评价应以定性的描述性评价方式为主,第二、第三学段可以采用描述性评价和等级评价相结合的方式,第四学段可以采用等级评价和分数制评价相结合的方式。

2023年"两会"期间,习近平总书记在参加全国政协第十三届四次会议时指出:教育,无论是学校教育还是家庭教育,都不能过于注重分数。分数,是一时之得,要从一生的成长目标来看。如果最后没有形成健康成熟的人格,那是不合格的。这段话和《义务教育课程方案(2022年版)》提出的"发挥评价的育人导向作用"不谋而合。我们要通过科学的评价,多样化的评价,力求促进良好的教育生态。

学习是一个动态化的过程,其中包含较多变数,在此过程中学生会获取较多信息,教师单方面采用单一的评价方式已经很难获得良好的教学成效。比如,在学生学习完"1~9的乘法口诀"后,课程标准要求学生能够熟记1~9的乘法口诀。传统的评价方式是通过一张练习纸让学生默写或者计算填空来检验学生的学习,如果换一种方式(如让学生通过"对口诀""口诀编故事""口诀消消乐"等游戏展示学习成果),无疑更受学生的欢迎。虽然两种方

式都可以落实课程标准提出的评价,但效果截然不同。如果练习写错了,画一个"×"就可以否定学生的学习,丝毫看不到学生完成练习时付出的努力;如果在交流中、游戏中出错,我们仍然会为他的自信表达和全身心投入而鼓掌,从而激发学生的学习热情。可见,在评价阶段不能片面强调甄别、选拔的功能,要通过评价促进学生全面发展,提升教师专业素养,优化现有的教学实践方式。规范化地利用小学数学评价方式多元化的导向作用,可以加速数学高效化教学活动全面发展。[①]

要实现小学数学评价方式多元化的导向作用,我们需要探寻其具体表现形式。在综合与实践领域,2022年版课程标准给出了建议:应当关注过程性评价,对照主题活动的教学目标确定评价方式,不仅要关注学生对教学内容的掌握情况,还要关注学生参与活动的程度。据此,综合与实践领域多元的评价方式表现形式如下:

首先是过程性评价,它不是只关注过程而不关注结果的评价,更不是单纯地观察学生表现的评价,而是站在形成性视角,引导学生关注学习的目标,教师给予及时的反馈,促使学生对学习的过程进行积极的反思和总结,而不是最终给学生下一个结论。我们可以借助多种形式评价学生的学习情况,使他们清楚自己努力的目标,能掌握自己学习的进展,逐渐成为独立的学习者。如"剪纸中的对称美",在剪蝴蝶的过程中,通过对两种不同方式的比较,引导学生互相评价哪种方式更合适,在交流中得出将纸先对折画出蝴蝶的一半再裁剪能够快速地剪出标准的轴对称样式的蝴蝶,将学生的思维推向对称中去,引导学生正确地利用对称的特点剪出漂亮的作品。因此,我们需要围绕数学目标的达成对学生进行及时评价,更好地考虑学生个体或群体在学习过程中的表达、合作等能力,在学习历程中逐步提升学生的学业质量水平,养成良好的数学学习习惯。

其次是结果性评价,站在总结性视角,将定性与量化结合。当某一主题活动结束时,需要做一个停留,针对主题活动进行书面测验、口头测验、活动报告等。为避免量化得到的评价信息单一与片面,呈现更多利于学生自我评价的信息,可以增加"教师寄语"定性评价,让学生在文字中得到更全面、更具体、更细致的指导。

最后是表现性评价,指的是通过客观测验以外的行动、表达、展示、操作、写作等更真实的表现来评价学生口头表达能力、文字表达能力、思维能力、创造能力、实践能力的评价方法。我们尝试将表现性评价镶嵌在综合与实践活动中,在数学学习的浸润中促进学生的智慧生长。它包含两种表现形式:一是嵌入在限制的活动中,展现学生的思考过程。限制式的表现性评价对评价的任务、目标有非常明确的要求,对学生的行动做了一定的限制,例如传统的闭卷考试其实就属于一种典型的限制式的表现性评价。这一评价方式最大的优点是便于操作。我们在综合与实践中嵌入表现性评价的理念,在限制式评价中关注学生的思维过程,引导学生在认真完成一个具体的任务中学会思考,教师则在分析学生思考的过程中理解学生的学。例如"有趣的七巧板"中,要求学生拼出某一特定的图案,教师在学生创作的过程中可以了解学生的思考过程。二是设计开放的表现性任务,激活学生的创造思维。开放式的表现性评价是一种对被评价者完成评价的材料、方法、结果不做约束的评价方法。例如:要求学生以"自主设计剪纸团花""七巧板自主拼搭图案"为任务就是一种开放式的表

---

① 董斌. 对目前小学数学教学方法的创新分析[J]. 数学学习与研究(教研版),2022(6):87.

现性评价。在评价中关注学生多元的表达,重视多维的思辨,让学生在任务驱动中自由、自然成长。

我们唯有正确认识教学评价的内涵,把握教学评价的价值取向,才能发挥教学评价应有的价值,真正实现"减负增质"。对于综合与实践领域的多元评价,我们需要做出怎样的改变和行动?首先,要以教育价值需求为准则,把"教育的个体价值"和"教育的社会价值"相结合;其次,要精心设计实践活动,以学生的全面发展目标为核心;最后,多元评价要以"五育融合"内容为重点,不仅要注重德智体美劳各学科内容上所体现的"善""真""健""美""实",更要注重"五育"之间的相互交融,实现学科间的融合。

案例1 有趣的七巧板

【导读】

七巧板是我国一种古老的传统智力玩具,由7块板组成,可拼成1600种以上的图案,如三角形、平行四边形、不规则多边形、各种人物形象、动物、桥、房、塔等,18世纪传到国外后,由于其设计巧妙、变化多样,引起了外国人极大的兴趣。七巧板的精致巧妙也让数学学习者为之着迷,《义务教育数学课程标准(2022年版)》附录1中的例52"数学连环画"主题活动指出,运用文字、图画记录故事,可以说说"我的生活",其中就包括"和同学玩七巧板,摆出了不同的人物、武器,展开了'战斗'"。

"有趣的七巧板"是结合我国优秀传统文化开发的综合与实践主题活动,游戏活动不仅能促进学生对平面图形拼组的理解与感悟,还能激发学生的创造力,在培养学生观察力、想象力、形状分析及创造力方面都有巨大的作用。以学科知识孕育文化价值,开展形式多样、富有趣味的七巧板活动,可以让学生在动手操作、合作交流的过程中,加深对数学知识的理解,提升空间观念,培养学生的实践能力和创新意识。

【教学目标】

(1)通过拼图活动,学生进一步感知有关平面图形的特征,体会平面图形之间的联系与区别,了解七巧板各组成部分,体会七巧板中多种图形的变换,初步发展空间观念。

(2)通过充分发挥想象力和创造力,运用七巧板进行拼图,培养学生的想象能力以及对于图形知识的初步实践能力和创新意识。

(3)了解认识七巧板的发展历史,通过动手操作、合作交流等数学活动,感悟七巧板的巧妙性,体会七巧板的趣味性,珍惜古代劳动人民的智慧结晶,增强学生的民族自豪感。

【教学准备】

磁性七巧板,课件。

【教学过程】

一、激趣引入,激发兴趣

师:大家喜欢玩拼图游戏吗?拼图游戏动手又动脑。瞧,这是什么?大家都认识七巧板,也知道七巧板是由7块板组成的,我们一起给每块板标上序号。七巧板为什么不叫七块板呢? 七巧板更重要的是它非常巧妙,通过拼搭,可以得到很多非常有趣的图形。

视频欣赏。

师:刚刚的视频中出现了多少种图案?

生:太多了,数不清。

师:的确图案非常多。七巧板非常巧妙,组合多样,十分有趣,它可以拼出 1600 多种图案。今天我们一起来研究和学习——有趣的七巧板。

二、比比想想,认识七巧板

师:请仔细观察这一副七巧板,七巧板有哪些你认识的图形? 分别有几块?

生:七巧板有 5 个三角形、1 个正方形和 1 个平行四边形。

师:这 5 个三角形都是一样的吗?

生:不一样,有大、中、小三角形。

师:3 种三角形分别有多少块?

生:大三角形有 2 块,中三角形有 1 块,小三角形有 2 块。

三、想想拼拼,探索七巧板

师:我们熟悉了七巧板里的每个图形,下面我们选 2 块拼一拼。你拼出了哪些图形?
作品展示。

师:请你观察一下拼出的这 3 个图形,它们和原来七巧板中的图形有联系吗?

生:拼出来的正方形和原来七巧板中的正方形一样大,三角形和原来的中三角形一样大,平行四边形大小也是一样的。

师:用七巧板里的 2 个小三角形拼出了七巧板中的正方形、平行四边形和中三角形。七巧板还真是巧呢! 接下来我们在这 2 个小三角形的基础上,再添上 1 个正方形。用这 3 块你又能拼出哪些认识的图形呢? 赶快动手试一试。

展示作品:

师:虽然我们拼出的图形不同,但其中有相同的部分吗?

生:绿色正方形和黄色三角形的位置都没有变,只是蓝色三角形在变换位置。

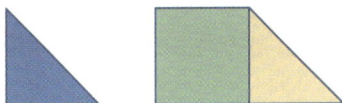

师：如果要拼成三角形，蓝色三角形只要放在正方形上面。如果要拼成平行四边形呢？

生：先旋转蓝色三角形，再放在正方形左边。

师：在头脑里再想一想要拼成其他 2 个图形，需要怎么做？

小结：通过"转"和"移"的方法，很快就可以拼出这 4 个图形。

师：我们用 2 个小三角形和 1 个正方形拼出了不同的图形。如果任意选 3 块来拼图形，拼成的图形就更多了。自己试一试选 3 块拼成我们学过的多边形。

展示欣赏学生作品：

师：如果选 4 块、5 块或是 6 块来拼，能拼出哪些多边形呢？请同学们任意选择 4 块、5 块或 6 块板拼一拼。

展示欣赏学生作品：

师：请同学们看黑板，观察这两个用七巧板拼成的三角形，你有什么发现？

生：都用一副七巧板拼出了同样的三角形，但拼法不同。

四、创意拼搭，玩转七巧板

师：七巧板的"巧"还不止于此呢，用七巧板还能拼出各种有趣的图案。请你选择一个图案挑战一下吧！

出示：

师：你拼出了什么图案？怎么拼成功的？

生：我拼出了小猫。我先观察发现尾巴是平行四边形，两个耳朵是三角形，其他的不确定，我就先试一试，不对再换一个图形继续试。

师：是啊，要想拼出这些图案，需要我们仔细观察，不断尝试和调整。你想用七巧板自己设计图案吗？发挥你的想象力，开始创造吧。

欣赏学生作品：

五、回顾反思，总结延伸

师：同学们，七巧板虽然很好玩，但其实一开始它并不是一种玩具，它是由一种叫燕几的桌子演变而来的。下面我们一起来看一段视频，了解一下七巧板的历史。

视频介绍。

师：同学们，来自中国的七巧板你们喜欢吗？回顾今天的学习，你觉得七巧板"巧"在哪里？

生1：我发现七巧板中的大图形和小图形之间是有联系的。

生2：而且七巧板能拼出许多有趣的图形。

生3：七巧板拼图形有时方法不止一种。

师：七巧板的确非常巧妙，感兴趣的同学课后可以再去玩一玩，让我们越玩越聪明！

[本主题活动由金陵中学河西分校（小学部）杨莹莹老师执教]

🔍**【案例分析】**

一、"巧"字激趣，扬起探索的风帆

课始，教师抛出疑问"七巧板为什么不叫七块板"，学生很快联想到"块"和"巧"的区别。看似简单的问题，让这个"巧"字在学生脑海中生根发芽：七巧板到底"巧"在哪里？此环节中，教师不仅仅点明了"巧"字，更引发学生后续的观察、操作和思考。紧接着，通过视频介绍，带领学生欣赏、猜测、识别用七巧板拼出的各种图案，发现七巧板拼出的"巧图"甚至都数不清，促使学生产生浓厚的学习兴趣，积极投入认识七巧板的活动中来。七巧板的"巧"贯穿整个活动,也从课内延伸到课外,为学生利用七巧板自由创意拼搭提供了动力。

二、由浅入深,提升操作的能力

七巧板的拼搭看似很容易,实际上也有许多巧妙的方法和窍门,教师在课堂上创设的实践活动,最终是为了引导学生顺利运用七巧板拼出富有创意的图形。这就需要学生不仅要玩得热闹,还要在游戏中学习,在操作中感悟。教师通过设计由浅入深、层层递进的活动,先观察每块板的形状、大小,了解七巧板的构成;再选择2块七巧板进行拼搭,初步感受拼搭过程中平移、旋转的方法,体会找到块与块相等的边很重要,寻找与组合图形相关联的板;然后尝试用3块、4块甚至更多块进行拼搭,进一步拼出更多的多边形,加强学生的动手能力,为用七巧板进行创作做好准备。

三、方式多样,关注个体的评价

评价要关注学生的学习结果和学习过程,采用多元的评价主体和多样的评价方式,鼓励学生自我监控学习的过程和结果。[①] 教学中,在学生充分认识了七巧板各部分名称以及特征后,教师便及时关注到不同学生的层次水平,开启不同层次的拼搭挑战,引导学生多感官参与到拼搭活动中。拼搭时,教师积极关注学生的情感态度发展,设计不同难度的任务,并鼓励学生自主选择开展难度系数不同的星级挑战,引导学生不断尝试,突破自我。课后,教师鼓励学生自主尝试设计出富有明显个人色彩的七巧板作品,或是用七巧板创作图案,或是用七巧板叙述故事,最终将学生作品张贴在班级外的展板上,提供更加广阔的展示空间,增强学生的学习自信。

案例2 剪纸中的对称美

【导读】

《义务教育数学课程标准(2022年版)》附录1中的例31对此主题活动做了如下说明:鼓励学生在熟悉的图形中发现轴对称图形,认识轴对称图形的对称轴,在交流的过程中丰富自己的经验。在交流的基础上,教师可以鼓励学生设计轴对称图形,交流图形所表达的含义;还可以让学生欣赏中国剪纸,在学习数学的同时,渗透中华优秀传统文化。

苏教版三年级上册教材第一次认识轴对称图形,在四年级下册继续研究轴对称图形,两次教学从轴对称图形的初步认识到进一步体会轴对称图形的特征、认识对称轴以及在方格纸上补全一个轴对称图形。剪纸作为中国最古老的民间艺术之一,其图案和数学息息相关。如何引导学生将数学图形和传统文化结合?这需要教师收集、介绍剪纸相关素材,引导学生欣赏剪纸中的对称美;设计剪纸活动,帮助学生在活动中认识并体会对称的"事半功倍"作用,感受中华优秀传统文化的魅力。

【教学目标】

(1)通过观看传统剪纸作品和视频了解剪纸艺术,初步感受剪纸中的对称美。

(2)通过动手操作探索简单轴对称图形的剪纸团花步骤,感悟对称可以起到事半功倍的作用,形成初步的空间观念。

---

① 中华人民共和国教育部. 义务教育数学课程标准(2022年版)[S].北京:北京师范大学出版社,2022:3.

（3）在活动中进一步感受图形的对称美,弘扬中华民族传统文化,形成初步的应用意识和创新意识。

🔍【教学准备】

课件,彩纸,剪刀,彩笔。

🔍【教学过程】

一、观察欣赏,建立剪纸和数学之间的联系

师:同学们,春节的时候,家家户户会贴一些好看的剪纸。老师带来了一些作品,仔细看,你发现这些作品有什么特点?

生1:它们都是轴对称图形。

生2:第二排的金鱼图可以看成平移运动,最后一幅图可以看成旋转运动。

师:细究剪纸作品,我们会发现,剪纸艺术和数学有着千丝万缕的联系。就剪纸艺术的造型来说,它不仅包含了数学中的对称性、旋转平移运动,还有黄金分割比等数学原理。今天咱们一起走近剪纸中的对称美。要得到一幅精美独特的剪纸,你们认为首先要做的事情是什么?

生:折纸、裁纸、画出你想得到的图案……

二、探索简单轴对称图形的剪纸步骤

1. 感受对称的事半功倍

师:春天的花园里出现了好多蝴蝶。仔细观察,你发现蝴蝶图案有什么特点?

课件出示:

生:是轴对称图形。

师:蝴蝶的左右两边完全重合,这样的轴对称图形也太漂亮了。你们能剪出一只蝴蝶的图案吗？用你身边的彩纸、剪刀、画笔自己试试看吧！

学生操作、交流方法。

生1：我先画出一只蝴蝶的图案，然后把它剪下来。

生2：我发现这只蝴蝶是轴对称图形，所以我把这张纸先对折，然后画出蝴蝶的一半，很快就剪出来了。

师：两种剪法不同，你有什么感受？

生1：画出整只蝴蝶后再裁剪，不一定是轴对称图形，因为我们画得可能不标准。

生2：对折之后再剪肯定是轴对称图形。

生3：而且对折后剪更快一些。

师：对称可以让裁剪事半功倍，而且剪出的是一个标准的轴对称图形。

2. 根据轴对称图形的一半想象另一半

师：下面这些图案是老师准备剪的作品，你们知道剪出后的图形是什么吗？

生：第一个是花瓶，第二个是一件羽绒服。

师：你是怎么发现的？

生：因为把一张纸对折后，画出其中的一半，那么另一半和它完全一样，我们可以想象出另一半的样子。

师：选择一个你喜欢的图案画一画、剪一剪，验证你的猜想。

学生操作。

师：刚才老师发现有一位同学剪出的作品分成了两部分，你们猜是怎么回事？

生：对折后画的位置错误。

师：要想剪出来是一个完整的图案，你有什么建议？

生：必须沿着折痕画一半，这个折痕位置不能剪掉。

师：找准画图位置很重要，在剪轴对称图形的时候只要准确画出一半，就可以剪得又快又好。

三、探索稍复杂的轴对称图形——团花

1. 认识团花

师：用这样的方法我们可以设计出很多漂亮的轴对称图形，咱们许多同学做出了像这样的样式。仔细看，和上面的图案有什么相同和不同的地方吗？

生1：相同点都是轴对称图形。

生2：但是形状看起来圆圆的。

生3：花纹也好看，里面是镂空的。

师：像这样的作品叫作团花，团花是剪纸的一种布局格式。其基本制作方法是先将正方形的纸张进行对折，可以折叠2至4次不等，在折好的纸上剪出图案，形成美丽的团花图案。剪纸团花一般呈圆形花样。

赏析：在几何形的内圈之外，分别剪出对马和对猴，特别是这幅对猴团花剪纸，共有16只猴子分成8对围成一个圆圈，它们背对着背，又回过头来互相看着，仿佛在说悄悄话，极富生活情趣。而这幅对马团花剪纸，仅用12匹马，就营造出一种万马奔腾、欣欣向荣的景象。看了这两幅团花剪纸，不禁让人感叹，早在1500年前，我国的剪纸艺术已经具有相当高的水平了。

"对猴团花"剪纸　　"对马团花"剪纸

师：猜猜看，下面两幅作品会在什么场合使用？

生：第一幅用在生日的时候，第二幅用在结婚的时候。

师：圆形在人们的心目中象征着圆满完整、幸福和美。我们经常说"花好月圆""合家团圆"，因此，团花剪纸带着人们的祝福和对美好生活的向往，历经千年，依然流传广泛，深受喜爱。现在，你们认识剪纸团花了吗？

生1：它是轴对称图形。

生2：它很漂亮，轮廓是圆形的，里面是镂空的。

2. 探索团花制作方法

师：思考一下，把一个正方形纸剪成团花的样子，首先要做什么事？

生：折纸，然后剪。

师：你想怎么折？

生1：边对边对折，再对折，再对折，折成三角形。

生2：沿着对角线对折3次。

师：你们的方法有些不同，但是都想到了不管怎么折都要对折3次。对折这么多次是为什么？

生1：只有对折才能保证图案最后是轴对称的。

生2：对折次数越多，最后图案就越丰富。

师：这是3位同学折好后的样子，接下来他们打算剪出一个团花图案，你猜谁能最终剪出团花图案？拿出正方形便利贴纸，自己试一试，看看哪种剪法合适。

指出：剪纸的时候要保留中心点，这样就不会把纸剪散掉。

师：里面的花纹又该怎么设计？我们一起来看基本纹样，利用这些纹样就可以制作出各种类型的团花。

| 圆点 | 瓜子点 | 月牙纹 | 毛毛纹 | 柳叶纹 |

3. 自主设计精美的团花作品

视频欣赏团花作品。

出示学习要求：

小组合作。

想一想：剪出一个漂亮的轴对称团花依次需要哪些步骤？

说一说：在四人小组内说一说你的步骤。

做一做：动手操作剪出一个你喜欢的轴对称团花，在剪纸过程中要小心使用手中的剪刀。

学生活动，展示交流作品。

师：做团花首先要折纸，其次是画图，最后是剪裁，因此，剪纸作品的共同特征是轴对称。数学概念中成轴对称的两个图形对折后完全重合，并且如果两个图形成轴对称，对称轴就把图形分成了两个同样的部分，于是人们在剪纸时常常利用折纸的方法，利用轴对称设计图案，剪出精美的作品。

四、作品评价

小组内互相评价，选出组内最有特色、最美观的作品在全班展示。

全班评价，选出优秀作品，贴于墙报。

(本主题活动由南京致远外国语小学分校王静老师执教)

🔍 **【案例分析】**

一、组织观察欣赏，建立数学与剪纸的联系

许多剪纸作品是学生平时能够见到且喜爱的，因此本活动从生活中的剪纸入手，引发学生观察、思考，抽象出其中的数学元素，认识到剪纸和数学图形密切相关，其中包含图形的平移、旋转和轴对称现象，进而激发学生学习的热情。在学习过程中，学生不仅仅关注到剪纸作品的美、有趣，更能够用数学的眼光重新观察，把轴对称的内容和剪纸紧密结合，凸显数学的实践性。

二、组织操作交流，感受对称在剪纸中的作用

许多剪纸作品都是轴对称图形，而轴对称图形对于小学四年级学生来说也是相对容易剪出来的。但实际操作中学生依旧会遇到许多疑惑，例如从哪入手才能剪出一个漂亮的轴对称图形？怎样剪才不会把图形剪散？课上，教师首先呈现一只"漂亮的蝴蝶"，发现它是轴对称图形，然后组织学生自己想办法剪出一只轴对称的蝴蝶。孩子们跃跃欲试，有的先把蝴蝶画下来再剪，有的则根据轴对称图形的特点把纸对折后画出蝴蝶的一半再剪。对比两种方法,教师组织学生交流:"两种剪法不同,你有什么感受?"孩子们表示画出的蝴蝶不一定是轴对称图形,而先对折再剪则一定符合要求,且节省时间,体会到利用对称让事情事半功倍的优点。

三、经历团花制作,体会传统文化中的数学美

我国最早的剪纸是团花,团花的制作虽然复杂,但是作品相当精美,且包含着浓厚的中国传统文化底蕴。教学中,教师先组织学生观察团花和前面看到的剪纸作品的相同与不同点,引出团花的定义:团花是剪纸的一种布局格式。其基本制作方法是先将正方形的纸张进行对折,可以折叠 2～4 次不等,在折好的纸上剪出图案,形成美丽的团花图案;接着带领学生探索团花制作的步骤,包括怎样剪不会把图案剪散,精美的花纹该如何画等难点;最后通过视频学习,鼓励学生自主设计一幅精美的团花作品,感受剪纸中的对称美。

四、鼓励多元评价,培养学生欣赏美的眼光

课堂的时间是有限的,但是孩子们的学习热情是无限的。课后,教师组织学生将作品在小组、班级甚至年级中展示。看到自己的作品被贴在墙上展览,学生的内心既激动又兴奋。学生在自评、他评、互评中自信表达自己作品的精神内涵,培养欣赏美的眼光。